박용진의
정 치 혁 명

대한민국을 바꾸려는 도전과 용기

박용진의
정치혁명

박용진 지음

오픈하우스

중2 둘째 아들의 격려

———

올해 1월 대선준비 관련 일로 광주를 방문했다. 예상보다 광주 지역 언론의 관심이 뜨거웠고 호의적이었다. 으쓱한 기분에 KBS의 보도 기사 링크를 가족 단톡방에 올렸다. 그런데 분명 읽기는 다들 읽었는데 아무런 반응이 없었다. 1박 2일 일정을 마치고 집에 들어가 곧 중학교 2학년이 되는 둘째 아들에게 물었다.

"아들, 기사 봤어?"
"네. 봤어요."
"그런데 왜 아무런 반응이 없어?"

둘째는 즉답하지 않고 배시시 웃으며 말했다.

"댓글이 정말 웃기던데요?"

"뭐라고 하던데?"

"개나 소나 다 나오냐고 그러더라고요."

그런 댓글을 나도 읽었던 적이 있고, 초반에 그런 반응이야 당연하다고 여기면서도 은근히 부아가 났다.

"넌 아빠가 개나 소 취급을 당하는데 화도 안 나냐?"

그러자 둘째가 정색을 하고 이렇게 이야기했다.

"아빠, 그런 댓글에 왜 신경 쓰세요? 그 사람들은 아빠가 무슨 일을 했고 어떤 사람인지 알지도 못하고 관심도 없으니까 그런 댓글을 쓰는 거예요. 나는 아빠가 한 일을 알고 자랑스러우니까 더 무슨 말을 할 필요가 없고요. 아빠를 아는 사람들은 다 마찬가지일 거예요. 아빠가 누군지 관심도 없고 모르는 사람들의 이야기에 신경 쓰지 마세요."

나는 아이를 다시 쳐다보았다. 고맙기도 하고 쑥스럽기도 했다. 어린 아들이 저렇게 나를 믿는구나, 그럼 됐다, 뒤가 든든하다, 싶었다.

"계파도 없고 비주류 아닌가요?"

———

대선 출마 각오를 했다는 소식에 인터뷰를 요청해온 기자들이 꼭 묻는 질문이다. 당내 선거를 치르려면 돈도 필요하고 조직도 있어야 하는데 '박용진이 뭐가 있냐? 뒤를 봐주는 계파도 없고 비주류 아니냐?'는 뜻이다.

낡은 정치 셈법의 틀에 박힌 시선이면서도 엄연한 현실을 반영하는 냉혹한 질문이다. 계파 없이 무슨 선거를 치를 것이며 주류가 아닌데 어떻게 세를 모을 것인지 답하라는 것이다. 그러나 계파의 틀 안에서 움직이고 주류질서의 이해를 반영하는 정치가 어떻게 세상을 바꿀 수 있겠는가. 기득권 네트워크 안에서 끼리끼리 봐주고 끌어주면서 지켜온 이익동맹의 불공정을 어떻게 뒤집을 수 있겠는가. 기존의 사고방식을 유지하고 기득권의 이해관계를 반영하는 건 돈 있고 힘 있고 빽 있는 사람들의 이익을 고스란히 지켜주는 것에 불과하다. 그건 지금이 불공정하고 희망이 없으니 뭔가 숨 쉴 틈을 좀 만들어 달라 아우성치는 청년들과 평범한 시민들을 위한 정치가 아니다.

계파에 속해 있지 않으니까 창조적인 도전을 만들어 낼 수 있고 비주류니까 감히 세상을 바꾸려 하는 것이라 답했다. 박용진은 '내가 변해야 승부가 가능한 도전자이며 창업가 정신으로 세상을 바꾸려는 젊은 혁신 리더이고자 한다'고 말했다.

역사를 바꾼 인물들은 모두 변방에서 일어서고 비주류의 자리에서 출발했다. 김대중·노무현 두 대통령 역시 비주류였고 도전자였으며 혁신적 리더들이었다. 자기 손으로 땅을 딛고 일어선 사람들이었다.

말은 이렇게 시원스럽게 했는데, 그래도 뭔가 아쉽다. 그래, 나도 안다. 이건 좀 무모해 보이는 도전이다. 그러니까 말인데, 응원한다, 격려한다 말만 하지 말고 이 책을 읽고 생각이 같으시면 나 좀 도와주시라.

나는 대한민국 국민들을 믿는다. 무명의 가수에게서 갈고닦은 실력과 진정성을 발견해 열광하는 대한민국 국민들의 '보는 눈'을 믿는다. 국민들은 주류 계파가 갖는 으리으리한 조직력과 막강한 영향력이 아니라 그 사람의 열정과 가능성을 보실 것이다. 배경이 아닌 실력을 볼 것이고 대한민국의 역동성을 되살릴 자신감을 가진 사람을 찾을 것이다. 누가 내 삶에 희망과 변화를 가져올 것인지를 판단할 것이다. 우리 국민들이 개척자 정신으로 무장하고 대한민국을 두근두근 가슴 뛰게 할 박용진의 도전에 응원을 보내시리라 믿는다.

세대교체, 앞서서 나가니 새로운 세대여!

———

이 책의 제목은 '박용진의 정치혁명'이지만 이 책의 의미는 '박용진의 도전장'이다. 박용진이라는 젊은 정치인이 새로운 정치세대들의 맨 앞에서 새 시대의 문을 열겠다는 포부를 담은 책이다. 586세대의 정치 기득권화를 비판하고 그들의 한계를 지적하는 말들은 많지만 장강의 앞 물결도, 정치의 기성세대도 모두 저절로 흘러가지는 않는다. 후배세대가 용기를 내고 앞장서서 새로운 시대를 밀고 나가야 하는데 박용진이 그 첫 용기 있는 사람이고자 한다. 퍼스트펭귄의 역할, 악어 떼가 우글거리는 강을 향해 맨 처음 몸을 던지는 아프리카 누우 떼의 우두머리처럼 그 역할을 자임하고자 한다.

문제는 그 새로운 세대의 주장이 무엇이고, 새로운 시대의 과제는 무엇인가, 하는 것이다. 인구 감소, 노동개혁, 연금개혁, 기후환경에너지, 외교안보국방, 정치개혁, 교육개혁…… 무엇 하나 쉽지 않은 일에 대해 이 책을 통해 하나씩 생각을 내놓았다. 박용진의 생각이 정답일 리 없다. 그러나 누군가가 이건 어떠냐고 제안을 하고 먼저 말을 꺼내지 않으면 토론도 없고 해답도 찾을 수 없다. 변화를 만들 수 없다. 부족하더라도 먼저 생각을 정리하고 이야기하는 것, 책임 있는 정치인의 기본 태도이다.

이 책에는 '세대교체'에 대한 주장이 없다. 굳이 '세대교체'라는 표현을 앞세우지 않아도 20대 청년들의 분노와 좌절을 반영하고 젊은 세대의 희망의 근거를 마련하는 것이라면 얼마든지 새로운 대한민국을 여는 신주류를 형성할 수 있다고 믿는다. 내가 장강의 뒤 물결을 일으키는 첫 번째 파도가 되고자 한다. 국민들은 민주당을 개혁의 역동성을 잃어버린 기득권 정치세력이 되었다고 질타하고 있다. 변화를 약속하고 권력을 쥐었는데 약속한 만큼의 변화를 만들어내지 못한다고 비판하고 있다. 비육지탄(髀肉之嘆), 개혁의 초원을 달리던 무사가 성을 차지하고 나니 권력의 안일함에 빠진 것은 아닌지 반성해야 한다. 민주당의 변화와 새로운 각오를 보여주어야 한다. 세대교체라는 말을 책에 담지 않았어도 새로운 세대가 그 변화를 상징하고 각오를 짊어져야 한다는 생각을 분명히 했다. 내가 앞장서려한다. 젊은 그대, 나와 함께하자!

그래서 이 책은 박용진의 도전장이자 새로운 대한민국을 여는 열쇠말을 담은 책이다.

젊은 대통령의 소통

———

박용진이 대통령이 되면 무엇이 달라지느냐 묻는다. 할 일이 많고 많은 것이 달라지겠지만 일단 이것 하나만은 우선 약속한다. 1년에 한 번 정기국회 시정연설을 위해서만 국회에 서는 게 아니라 적어도 외교·안보·국방 분야에 대해서는 대통령이 국회 대정부질문 자리에서서 국회의원들과 일문일답 토론과 답변을 하고자 한다. 야당의 비아냥도 듣고 국민을 대신한 질책도 달게 들으면서 부당한 질문과 억지 주장에는 당당하게 반박하고자 한다. 영국 의회에는 총리가 매주 수요일 오후 의회에 나가 야당 대표와 일대일 맞짱토론 대정부질문 시간을 갖는다. 'Prime Minister's Questions(PMQ)'라고 부르는 시간이다. 영국 총리의 질의응답 시간이 영국 국민들에게 가장 인기 있는 TV 시청 시간 중 하나이듯 대한민국 대통령의 대정부질문 답변 시간이 우리 국민들의 예능프로그램 못지않게 인기 있는 콘텐츠가 될 수 있도록 하겠다.

가끔 신문에 대통령이 야당 지도자급 의원들을 저녁 시간에 한두 명씩 청와대로 초청해 해물탕에 폭탄주를 마셨다더라, 폭탄주 회동 끝에 지리했던 발목잡기 공방이 끝나고 서로 양보하는 합의가 마련되었다더라, 하는 소식을 들려드리겠다. 해물탕만큼이나 속이 풀리는 결과를 만드는 정치를 보여드리겠다.

한 달에 한 번은 넥타이 풀고 소매 걷어붙이고 현안에 대한 브리핑을 젊은 기자들을 상대로 직접 하겠다. 젊은 기자들이 국민들을 대신해 질문하고 젊은 대통령이 막힘없이 대답하면서 국민들에게 설명하고 설득하는 소통의 시간을 대한민국 국민들도 누리실 때가 되었다. 대통령이 국회를 존중하고, 야당과 대화하려 하고, 국민과 소통하려 하는 모습은 '이벤트 쇼'라는 소리를 듣더라도 더 많이 더 자주 해야 한다. 그게 민주주의가 제대로 움직일 수 있는 기반이 될 것이다.

헌법을 바꾸지 않고 제도를 손보지 않아도 대통령 혼자 결심하면 되는 일들이다. 정치는 제도적 틀 안에서 하는 것이지만 정치 문화는 사람들이 바꿔가는 것이다. 우리 국민들은 영화 「굿모닝 프레지던트」와 미국드라마 「웨스트 윙」에 나오는 그런 대통령을 기다리고 있다. 실수가 있을 수 있고 대통령 체면이 구겨지는 일도 많겠지만 뭐 어떤가? 지금 대한민국은 대통령의 권위보다 국민과의 소통이 더 중요한 나라이다. 대통령은 더이상 '선출된 왕'이 아니어야 한다. 그래야 우리 사회가 더 활기차게 변한다. 이 책에 이런 정치가 가능하려면 무엇이 필요한지에 대해 적어봤다.

박용진은 무엇을 한 사람인가

———

그래도 자꾸 박용진이 대통령이 되면 어떻게 달라지느냐 묻는다. 박용진의 비전이 무엇인지 그럴싸하게 이야기해주길 바라는 눈치들이다. 노무현 대통령도 2002년 대선을 꼭 1년 앞둔 시절, 가능성을 의심하는 이들의 비슷한 질문에 시달렸던 모양이다. 그는 한 행사에서 이렇게 연설을 시작했다.

"어느 때부터 제가 대통령이 되겠다고 말을 하기 시작했습니다. 많은 분들이 제게 무엇을 했느냐를 묻지 않고 무엇을 하겠느냐 비전을 내놓으라고 했습니다. 비전을 생각해봤습니다. 제 마음에 가장 드는 비전, 그것은 전두환 대통령이 5공 때 내놓았던 '정의로운 사회'였습니다. 노태우 대통령이 내놨던 '보통사람의 시대'도 상당히 매력 있는 비전이었습니다. 신한국, 세계화, 정보화, 개혁. 문민정부의 비전도 참 좋았습니다. 저는 국민의정부의 비전은 달달 욉니다. 민주주의, 시장경제, 생산적 복지, 남북화해, 노사협력, 지식기반 사회. 저도 이렇게 말하면 됩니다. '저도 할 수 있습니다.' 그러나 이렇게 말할 때 제 가슴은 공허합니다. 그 말을 누가 못 하냐, 누가 무슨 말을 하느냐가 중요한 것이 아니라 누가 할 수 있느냐가 중요한 것 아니겠습니까."

2001년 12월 10일, 『노무현이 만난 링컨』 출판기념회 및 서울후원회 연설 중에서

'누가 무슨 말을 하느냐'보다 '누가 할 수 있느냐!' 이것은 매우 중요한 문제이다. 노무현 대통령 연설에도 포함되어 있지만 '할 수 있는 누군가'를 찾는 방법은 의외로 단순하다. 사람을 판단할 때 앞으로 무엇을 하겠다는 그의 말보다는 그가 이전에 무엇을 했었는지를 보는 것이다.

나는 유치원3법의 통과로 유아교육의 투명한 회계원칙을 바로 세

웠다. 한유총(한국유치원총연합회)의 격렬한 저항과 로비, 협박을 뚫고 이뤄낸 성과다. 차명계좌에 돈을 감추고 지냈던 사람들에게 1천 2백억 원가량의 세금을 거둬 공정과세를 실현하고 재벌개혁, 경제민주화 문제에서의 성과를 이뤄냈다. 현대기아차 제작결함 문제에 공개적으로 맞서 리콜과 무상수리 조치, 제작사의 사과를 받아냈다. 소비자의 권리와 국민의 안전을 지켰고 공정한 시장을 조성하는 데 앞장섰다. 개미투자자들의 이익을 지키기 위해 '공매도'의 문제점을 지적하고 제도 개선을 촉구해 주식시장의 공정한 시스템 마련을 위해 노력했다.

이렇게 오래된 우리 사회의 뿌리 깊은 문제들에 맞서왔고 변화를 만들어 왔다. 하나같이 힘센 기득권에 맞서야 하는 일이었고 몇 년씩 매달려야 하는 일이었다. 철학적이고 공론 수준에 머무는 공정이 아니라 '손에 잡히는 공정'을 구체적으로 실현하는 일이었다. 대립과 갈등, 진영논리가 아니라 '먹고사니즘'이라는 민생제일주의 노선의 좁은 길을 따라 실천해 왔다고 자부한다.

가끔 손해를 보면서도 국민 상식과 눈높이에서 여러 문제에 대해 할 말을 했다. 당의 다양성과 민주적 면모를 보였다는 찬사와 내부 총질한다는 비난을 동시에 받았지만 정치인으로서 소신과 균형감각을 잃지 않으려 했다. 박용진이라는 정치인은 그렇게 살아왔다. 치열하고 뚜렷하게 할 말은 하고 할 일은 했다.

앞서 세 권의 책을 쓰고 한 권의 대담집을 냈지만 나 자신을 소개한 적은 없었다. 이 책에서 처음으로 박용진의 삶과 정치활동에 대해 밝혔다. 국민들께서 박용진을 알아주시길 소망한다.

헌법 제10조, 우리가 잊고 있던 대한민국의 약속

박용진이 추구하는 나라는 '행복국가'이다. 행복국가는 복지국가와 다르다. 복지국가는 '안심'과 '다행'을 기반으로 하는 것이지만 행복국가는 복지국가보다 한 단계 위를 추구한다. 안심과 다행 위에 개개인의 가치와 존엄을 담고자 한다. '국민행복을 만드는 대통령'이 되겠다는 생각이다. 최근에 만든 정책연구소의 이름도 '온국민행복정치연구소'이다. '행복국가'를 만들기 위해서 우리 사회 구석구석에서 새로운 합의, 새로운 방향을 담은 '새로운 사회계약'을 만들어야 한다.

우리에게 이 '새로운 사회계약'은 낯선 것이 아니다. 이미 우리 헌법이 국민들에게 약속했던 부분이다. 대한민국 헌법 제10조는 대한민국 국민들의 존엄과 행복추구권을 명시하고 있다.

'모든 국민은 인간으로서의 존엄과 가치를 가지며, 행복을 추구

할 권리를 가진다. 국가는 개인이 가지는 불가침의 기본적 인권을
확인하고 이를 보장할 의무를 진다.'

대한민국이 직면한 미증유의 위기 속에서 미래로 가기 위해 우리
정치가 해야 할 일들을 글로 정리하다 보니 마주하게 된 것이 바로
이 '헌법 제10조'였다. 정치가 국민에게 약속한 이 조항을 실천하려
면 우리 정치는 이제 단순한 진영 간 대립과 정파적 경쟁에서 벗어
나야 한다. 사회갈등을 해결하기는커녕 갈등유발자, 증폭자로서의
역할을 멈추고 미래로 나아가야 한다.

일하는 노동자들이 존중받는 사회여야 역동성을 잃지 않고,
대통령이 왕이 아니라 '가장 높은 역할의 공무원'으로 인식되는
나라가 되어야 민주주의를 잃지 않으며,
정치가 사회적 약자의 고통과 외침에 귀 기울여야
헌법 전문이 두 번씩이나 반복하는 두 단어 '자유'와 '균등'의 의
미를 잃지 않는 사회가 가능하다.
그리고 그렇게 하기 위해서 정치인은 우리 사회를 분열시키는 불
평등과 불공정에 맞서는 용기를 가져야 한다고 오랫동안 생각해왔
다. 이 책에 여러 생각을 정리하고 많은 글을 적으면서 다시 한번 내
가 오랫동안 품어왔던 '정치의 역할과 정치인의 용기'에 대해 가다

듣고자 했다. 그러나 여러 갈래로 생각을 하면 무엇에 쓸 것이며, 그 것을 그저 글로 옮겨본들 무슨 의미가 있겠는가? '철학의 역할'이 세계를 해석하는 것에서 그치지 않고 변혁하는 것이 중요하다는 말 처럼 그 뜻을 행동으로 옮기고 실천해 나가는 것이 진정 '정치의 역 할'일 것이다.

재벌총수와 그 추종세력, 한유총을 비롯한 우리 사회 기득권 이익 집단들, 사회 곳곳에 포진한 돈 있고 힘 있고 빽 있는 사람들의 공격 과 비난에 맞서 변화를 추구해 왔던 나의 의정활동은 어쩌면 작은 용기였는지 모른다. 오늘의 문제점을 바로잡는 역할을 넘어서서 대 한민국 공동체의 미래를 위해 발언하고 결단하는 일이야말로 진정 '정치인의 용기'일 것이다.

정치가 세상을 바꾸는 힘이라는 매력에 반해 정치를 시작했고 정 치인의 용기가 모든 것을 변화시킬 출발점이라는 믿음을 이 책에 담 아 다시 한 걸음을 내딛는다. 그래서 이 책은 세상을 바꾸는 정치인 이 되겠다는 각오와 용기, '박용진의 정치혁명'에 대한 다짐을 담은 책이다.

불평등과 불공정에 맞서는 용기 있는 대통령이 필요한 시대

———

2020년 6월, 나는 고창 선운사 도솔암의 마애불 앞에 서서 간절한 마음으로 '세상을 바꾸는 정치인이 될 수 있게 도와달라'고 기도했다. 1894년 갑오농민전쟁에 나서기 전 동학혁명군들이 이 마애불 앞에 모여 10미터 높이 불상의 배꼽 부위를 열고 '천지 개혁의 비기(秘記)'를 꺼내 갔다는 이야기를 책으로 읽은 건 20년 전 노동자들 편을 들다가 감옥에 잡혀가 있었을 때였다. 그때 새 세상을 간절하게 바라던 농민들의 염원이 그런 이야기를 빚어낸 것이라 여기면서도 언젠가 나도 이 땅의 평범한 사람들이 바라는 세상을 만들 각오와 결심이 서면 그곳에 가서 서리라 마음먹었다.

2020년 새해 첫날 나는 2022년 대통령 선거를 앞두고 젊은 열정을 무기로 새로운 대한민국을 향한 비전을 분명히 하고 스스로 변화와 도전의 주인공이 되어 보고자 각오를 세웠다. 새 세상을 선도하기는커녕 낡은 정치 구도와 진영논리에서 벗어나지 못하는 대한민국 정치는 시대에 너무 뒤처져 있다. 이런 늙고 지친 정치를 뒤흔들고 바꾸지 못하면 대한민국의 새로운 변화는 불가능하다. 역동성을 잃어버린 정치가 젊은 세대의 변화와 도전으로 바뀌지 못하면 2022년 대선은 그저 새 얼굴의 대통령을 뽑는 행사에 그치고 말 것이다. 나는 국민을 분열시키고 좌절하게 만드는 우리 사회의 뿌리 깊은 불평등과 불공정에 용기 있게 맞서는 정치인이 대통령이 되어야 한다고 생각한다. 그것이 대한민국이 한 단계 발전하는 출발지점이다. 공동체를 통합시키고 미래를 향해 나아가기 위해서는 불평등과 불공정의 구조 속에서 기득권을 누리는 세력들과 맞설 젊음과 용기가 필요하다. 내가 그 일을 자임하고 국민들 앞에 서기로 했다. 그 각오를 가장 가까운 동지들에게 이야기하고 선운사 도솔암 마애불 앞에서 '내 마음속의 출정식'을 한 것이다. 갑오년 평범한 백성들의 간절한 염원처럼 나도 간절하게 각오를 세웠다. 이 책은 그 출정식 이후에 구상하고 쓰기 시작했다.

차례

1장 나, 박용진

3장 대한민국 대전환

5장 나의 정치 롤모델

나,
박용진

1
주목받는 게
즐거웠던 아이

장수에서 태어나 전주를 거쳐 서울로

———

나는 전주에서 시외버스를 타고 반나절 이상 가야 나오는 장수군 번암면에서 태어났다. 1971년 4월, 좋은 봄날이었다. 아버지가 운 좋게 전투경찰대에 합격한 뒤 순경으로 전환 발령이 나서 최하위직 공무원의 길을 막 시작했던 때였다. 이미 2명의 형이 있었고 내가 태어나고 3년 뒤 여동생이 태어났다. 집안은 가난했다. 3남 1녀의 많은 아이들을 챙기며 집안 살림을 엮어내느라 어머니는 온갖 고생을 해야 했다. 크면서 '뼈대 있는 집안'이 아닌 갖춘 것 없는 평범한 집안이고 조상 중에도 내세울 만한 인물이 없는 그저 그런 내력의 가문의 소속임을 금방 깨달았다.

번암면에서의 추억은 거의 없다. 태어나기만 했고 부친 근무지가 변경되어 아주 어렸을 때 그곳을 떠났기 때문이다. 나중에 부모님과 같이 번암면에 가서 내가 태어났던 집 근처를 어림잡아 살펴보았지만 부모님께서도 옛 기억만 더듬을 뿐 흔적을 찾지 못하셨다. 집안 어른들의 뿌리는 같은 장수군 내 장계면에 있었다. 번암면보다 크고 상업적으로 번성한 곳이었다. 할아버지, 할머니와 작은아버지들, 가깝고 먼 친척들이 그곳에서 살고 계셨다. 초등학교 입학 전에도, 군대에 갈 때까지도 장계면은 나에게 많은 추억을 안겨준 곳이다. 지금도 고향의 향기는 그곳에서 느낀다.

다시 부친 근무지가 전주로 변경되어 우리 4남매는 어머니 손에 이끌려 전주시 태평동으로 이사했다. 우리 가족은 전주시 변두리의 좁은 골목길 안쪽에 자리를 잡았다. 전주천이 홍수로 넘칠 때면 마당까지 물이 차오르던 집이었다. 홍수에 어른들이 울고불고 하시는데, 나와 친구들은 물장난을 치면서 웃고 떠들며 천진하게 놀다가 엄청 혼이 났다. 나는 주로 동네 아이들과 어울려 전주천변과 예수병원 뒤쪽 야산을 쏘다니며 놀았다. 시골보다 더 시골 같았고, 아이들도 많았다. 전주가 좋았다.

학교 갈 나이가 되어 진북초등학교에 입학했다. 교실이 부족해서 학교 건물 뒤쪽 공간에 천막을 치고 아이들을 가르쳐야 할 만큼 71

년 돼지띠 출생 인구가 많았다. 통계에 따르면 그해 102만 명의 아이들이 태어났다. '대답 씩씩하게 잘하면 학교생활은 다 잘된다'는 어머니 말씀 하나만 기억했다. 정말 큰 목소리로 대답하고 뻔뻔하게 하고 싶은 일은 손 들고 이야기하다 보니 선생님이 주목하고 친구들이 쳐다봤다. 숱하게 많은 병아리들 중에 유난히 삐약거리고 활개치는 병아리 같았던 모양이다. 천막교실 생활, 개나리가 피어 있는 등굣길에서 친구들과 인사를 나누던 기억, '비사벌 흘러내리는 물 추천의 햇빛은 춤을 춘다'로 시작하는 교가가 아직도 입가에 맴돈다.

전주에서의 생활도 오래가지 못했다. 아버지의 근무지가 다시 서울로 변경되었기 때문이다. 지금 생각해보면 엄청난 행운이었다. 모두가 서울에 가고 싶어 했지만 그런 행운을 움켜쥐기란 쉽지 않았다. 서울의 인구가 급속도로 팽창하던 시기였다. 서울의 경찰력도 증원되어야 했다. 아버지는 신설되는 종암경찰서에서 근무할 신규 인원으로 편성되어 발령받았다. 아버지가 서울로 먼저 가시고 나서 몇 년 뒤 우리 가족 모두가 서울로 이사했다. 나는 초등학교 2학년을 다니다 서울화계초등학교로 전학했다. 1979년의 일이었다.

내 인생의 가장 행복했던 시절

────

인구 팽창 속도가 폭발 수준이었던 서울은 아이들이 너무 많아 오전반·오후반이라는 제도를 실시하고 있었다. 교실 수보다 수용 인원이 2배 더 많다 보니 교육지책으로 한 교실에서 오전·오후 두 개의 반으로 나누어 수업을 하는 지경이 된 것이다. 그 상황을 아무도 미리 말해주지 않아서 전학 온 그다음 주에, 우리 반 교실인데 다른 반 아이들이 있어 당황해 울었던 기억이 난다. 아이들이 너무 많아 누구도 시골에서 올라온 아이가 겪을 충격에 신경 쓰지 않았다. 급격한 변화에 적응하기 힘들었던 모양인지 밤에는 꿈속에서 전주 태평동 골목에서 같이 뛰어놀던 아이들을 자주 만났다.

부모님이 서울에서 자리 잡은 곳은 미아동이었다. 지금도 부모님은 그곳에서 살고 계시고 나도 그 지역에서 국회의원을 하며 살고 있다. 내 아이들도 미아동이 고향이다. 부모님이 미아동으로 자리 잡은 이유는 학교가 가까웠기 때문이다. 어려서 너무 먼 초등학교를 걸어 다녀야 했던 어머니는 무조건 학교와 가까운 곳에 집이 있어야 한다고 생각했다. 화계초등학교는 걸어서 5분, 내가 중고등학교를 다닌 신일중학교와 신일고등학교는 걸어서 1분 정도 거리였다. 어머니의 고집스러운 원칙 덕분에 나는 편하게 학교를 다닐 수 있었고 교육환경이 대한민국에서 가장 뛰어난 중학교, 고등학교에서 6년이라는 시간을 보냈다. 그 6년의 세월이 나에게 가장 행복한 시기였다.

12만 평이 넘는 엄청난 규모의 교육부지에 넓고 편안한 학교시설, 다양한 교육자재, 사시사철 꽃피고 단풍 지는 자연을 품고 있는 학교였다. 무엇보다도 모든 교실의 창밖 멀리 북한산이 병풍처럼 펼쳐져 있었다. 숨 막힐 것 같은 청소년 시기에 눈만 조금 돌리면 우람한 북한산 봉우리들이 나를 쳐다보고 있었다. 수업이 지겹든, 고민이 생겼든 수업 중 눈만 돌리면 백운대, 인수봉, 만경대가 보였다. 그래서일까? 뭘 상상하든 그 스케일이 달랐다. 부모가 재산도 없고, 별다른 배경도 없지만 단지 가까운 곳에 사는 학생이 배정될 수 있는 원칙이 지켜졌기 때문에 나는 그 좋은 환경 속에서 6년간 교육받을 수 있었다. 부모님 덕분에 누린 행운이라고 생각한다.

중고등학교 학창 시절에 나는 꽤 활력 넘치는 아이였던 것 같다. 반장 선거, 고등학교 학생회장 선거 등 학생들이 직접 뽑는 선거에서 여러 차례 당선되었다. 학생회 활동에도 적극적이었다. 다행히 신일중고등학교에는 학생 자치회 활동을 폭넓게 보장해주는 자유주의 기풍이 있었다. 공부를 뛰어나게 잘하는 편은 아니었지만 학생회 활동, 학교생활에서는 주도성을 발휘했고 스스로도 만족스러웠다. 나중에 졸업 후 만난 동기들이 '박용진은 정치할 줄 알았다'고 이구동성으로 이야기하는 걸 보면 학창 시절부터 나서기 좋아하고 의견 제시 열심히 하는 사람이었던 것은 분명하다.

1987년 초겨울, 신일고등학교 학생회장단 선거에서 부학생회장으로 당선되었다. 당선 결과가 확정된 개표장에서의 모습이다.

고교 시절 교내 시위를 주도하다

서울 변두리에 있는 고등학교이지만 신일고등학교에는 묘한 전통이 있었다. 시대적 분위기에 민감하다는 것이었다. 우리에게는 유신 반대를 외치며 서울 시내 가두시위를 감행한 7회, 8회 선배들의 이야기가 선생님들에 의해 무용담처럼 전해졌다. 박정희 철권통치에 과감하게 반대의사를 표명하며 종로 한복판에서 벌어진 고등학생

시위에 당시 정부는 발칵 뒤집혔다. 이 일로 선배 9명이 퇴학 처분을 받았고 100여 명의 학생들이 유기 혹은 무기정학을 받았다. 1975년 4월의 일이었다.

그 뒤 전교조(전국교직원노동조합)의 모태가 되는 교사단체의 '교육민주화선언' 사건이 있었다. 신일고 국어 선생님이었던 이수호 선생님이 주동자로 찍혀 교육 당국의 탄압에 직면했다. 이때도 신일고등학교 학생들은 분연히 일어섰다. 교내 체육대회 행사가 끝나자 이수호 선생님을 무등 태워 운동장을 돌며 시위에 돌입했고 운동장에서 연좌 농성을 진행했다. 이 소식을 전해 들은 전두환 정권은 징계처리를 없었던 일로 하기로 하고 물러났다. 1986년의 일이다.

그로부터 3년 뒤, 내가 3학년이 되었던 그해에 전교조가 결성되었고 1천 5백 명의 교사가 학교에서 쫓겨나는 엄청난 사회적 파장이 있었다. 이번에도 이수호 선생님이 전교조 결성의 핵심인물이었다. 바로 직전 해에 이수호 선생님은 내 담임 선생님이었고 나는 학생회를 실질적으로 주도하는 부학생회장으로 일했다. 전교조 결성을 둘러싼 정권과의 갈등이 한 달 전쯤부터 뉴스를 통해 전해져 왔고 학생들은 모두 뭔가 벌어질 것이라는 느낌을 갖고 있었다. 이번에는 단순히 덮어두고 넘어갈 일이 아니었다. 교내 시위를 준비했다. 동기들에게는 '학교의 전통에 따라 불의에 맞서자!'고 설득했다.

1학년을 제외한 2, 3학년 각 반 반장들과 학생회 간부들이 동의하고 함께했다. D-day는 전교조 결성 다음 날인 월요일이었고 단체행동에 돌입하는 시간은 선생님들이 모두 교무실로 모여 통제가 느슨한 아침 교무회의 시간이었다. 사전에 마련된 계획에 따라 방송실 문을 따고 들어갔다. 학생회장의 성명서 발표가 시작되었다. 각 반의 반장들이 순식간에 움직였다. 일사불란하게 1천 명이 넘는 학생들이 교문 앞으로 집결했다. 학생들은 시위를 준비했던 우리조차 놀랄 정도의 신속함을 보였다. 그만큼 시대에 민감해져 있었던 시기였다. 교문 밖으로는 절대 나가서는 안 된다며 선생님들이 막아섰다. 우리의 계획은 거기까지였다. 그다음은 어떻게 해야 할지 아무도 몰랐다. 모두가 나를 쳐다봤지만 나도 무엇을 어떻게 해야 할지 몰랐다. 주저앉아 울었다. 1989년 5월의 일이었다.

그 뒤 두 번의 교내 시위가 더 있었다. 두 번째 교내 시위는 학교의 배려와 지원이 있었다. 학생들의 관심과 참여에 놀란 학교와 교육 당국이 '학교장 책임하에 통제된 수준의 교내집회'를 허락한 것이다. 제한된 집회일망정 그 시절 교내집회를 허용한 학교의 선택은 평가할 만한 것이었지만, 거기까지였다. 학생들의 세 번째 집회가 있었다. 학교가 정부 당국의 압력에 견디다 못해 이수호 선생님을 해직한 것에 대한 반발이었다. 그러나 소수만이 참여했고 폭력적으로 해산되었다. 부모님에게도 경고가 왔다. 퇴학 처분 가능성을 언급했다. 부모님의 간곡한 호소에 나도 결국 발을 뺐다. 마지막까지 버티지 못한 것이 비겁한 행동이었다고 생각하면서도 한계를 인정하지 않을 수 없었다. 1989년 초여름은 학생들과 선생님들 모두의 마음에 큰 상처로 남았고 우리 사회에 깊은 갈등의 숙제를 남겼다. 나는 내가 패배자라고 생각했다.

2

정치인의
DNA가 싹트다

'91년 5월 투쟁'의 상처

———

　고등학교 시절 학생회 활동과 전교조 관련 교내 시위 등의 경험이
격렬했던 탓일까? 대학교에 들어간 1년 동안 나는 학생운동에 조심
스럽고 수동적이었다. 시위에도 몇 차례 참여하지 않았고 운동권 학
회 세미나도 여러 번 빼먹었다. 그렇다고 학업에 열중한 것도 아니
었다. 술과 담배를 배우고, 친구들을 사귀고, 여학생들과 미팅, 소개
팅으로 1년을 보냈다.

　그렇게 1학년 시절을 보내고 이듬해인 1991년 4월, 명지대생 강
경대가 학교 앞에서 시위 도중 경찰이 휘두른 쇠파이프에 맞아 숨지

김귀정 열사 추모제 때.

는 일이 벌어졌다. 경찰이 대낮에 길거리에서 사람을 죽인 것이다. 사회적 충격이 엄청났다. 그날 이후 이른바 '91년 5월 투쟁'이 시작되었다. 나도 거의 빠지지 않고 시위에 참여했다. 노태우 정권의 폭력성에 저항하는 죽음이 계속되었다. 강경대, 박승희, 김영균, 천세용, 박창수, 김기설, 윤용하…… 끝날 것 같지 않은 죽음과 저항의 마지막에 김귀정의 희생이 더해졌다. 5월 25일 가두시위 도중 성균관대 4학년 김귀정이 경찰의 토끼몰이 진압으로 골목길에서 사망하는 일이 벌어진 것이다.

같은 학교 선배였기 때문에 이전의 다른 희생과는 전혀 다른 충격으로 다가왔다. 나는 개인적으로는 김귀정을 몰랐다. 다만 하필 그가 희생된 가두시위에 내가 나가지 않았다는 사실이 너무 부끄럽고 힘들었다. 강경대 사망 이후 한 달간 진행되던 5월 투쟁 동안 지쳐 있었던 나는 그날 시위에 나가지 않았다가 학교 앞 카페에서 김귀정 사망 소식을 접했다. 그 순간 쏟아지는 비를 뚫고 총학생회실로 향했고 학생회 간부의 지시에 따라 동국대로 향했다. 그날부터 장례가 치러지는 기간 동안 나는 제정신이 아니었다. 백병원에서 새벽에 벌어진 경찰과의 두 차례 공방전을 치러냈고 부검이 결정 나던 마지막 날도 그곳에 있었다. 아무것도 생각하지 않고 오로지 부끄러움과 분노만으로 하얗게 시간을 불살랐던 때문인지 여전히 그 시절을 떠올리면 마음속에 벌건 상처가 그대로 남아 있다.

총학생회 회장에서 북부총련 의장까지

——

　91년 5월을 겪은 뒤의 나는 전쟁을 겪은 소년과 같았다. 학생운동의 단순 참가자가 아닌 세상을 뒤집어야 한다는 열정에 사로잡혔다. 체계적인 훈련과 조직적 결속을 위해 기존 학생운동 시스템이 이끄는 대로 하나하나 움직였다. 과학생회장, 단과대학생회장 등에 출마했고, 총학생회에서도 활동했다. 학생운동 비공개 조직에서도 활동과 훈련을 이어갔다.

　나는 흔히 '민중민주' 계열이라고 부르는 PD(People's Democracy) 진

1994년 봄. 성균관대 집회에 연설을 하러 오셨던 故 백기완 선생님과 교정을 거닐고 있다.

영에서 활동했다. 학생운동 전체적으로도 소수파였고, 성균관대학교 학생운동 세력 내에서도 소수파였지만, 계파를 가르는 분기점에 특별한 선택의 계기나 이유가 존재하지는 않았다. NL(National Liberation)계 세력이 강한 대학교나 과에 입학해서 그쪽 계열 선배를 만나면 NL 활동가가 되고, PD계 세력이 강한 대학교나 과에 들어가서 그쪽 계열 선배를 만나면 PD 활동가가 되는 것이 대부분이었다. 나중에 스스로 노선을 변경하는 사람들도 있었지만 입문의 계기는 단순하게도 어느 계열 선배를 먼저 만나느냐의 인연에 있을 뿐이었다.

91년의 충격에서 벗어나기 시작한 학생운동 내에서도 많은 고민과 변화가 있었다. 특히 사회주의권의 붕괴와 북한의 고립화 상황 등과 함께 대한민국 사회에도 변화가 생겼다. 김영삼 대통령의 문민정권이 들어서면서 이전보다 훨씬 자유주의적 분위기가 넘쳐났고 학생운동도 단순한 반정부투쟁으로 자신의 정당성을 주장하기엔 한계가 분명해졌다. 반독재투쟁의 선봉에 서 왔던 전대협(전국대학생대표자협의회)은 '생활, 학문, 투쟁의 공동체'를 지향하는 한총련(한국대학총학생회연합)으로 전환하면서 그 변화를 주도하겠다고 했다. 김영삼 정권의 등장 이후 달라진 사회적 분위기를 반영하느냐 아니면 보수 정권의 속성을 보다 드러내기 위해 투쟁을 강화하느냐를 놓고 갈등이 일기도 했다. 내가 총학생회장에 당선된 시절에 학생운동은 내부적으로 갈등이 점점 커지고 있었다.

내가 몸담고 있던 소수파 PD 진영은 내가 총학생회장 후보로 출마해서 선거를 치르던 93년 11월 즈음에는 다른 정파 조직과 견줄만큼의 조직세를 갖추었다. 다른 소수파 학생운동조직과 연합해 선거를 치렀고 선거 결과는 압승이었다. 성균관대학교 내부 선거도 총학생회 선거뿐 아니라 단과대별 선거에서도 비주류 측이 대거 당선되었다. 사실상 성균관대 내부에서는 전국적 주류 세력인 NL계 학생회가 한 곳도 없었다. 그해 서울 북부지역 총학생회 선거에서도 이른바 한총련 비주류 세력들이 많이 당선되었다. 나는 성균관대, 고려대, 국민대, 동덕여대, 덕성여대, 한성대 등이 묶여 있는 '북부총련'의 의장이 되었다. 정파적으로 보면 학교 안에서도 밖에서도 압도적 다수파가 되었으니 일방적으로 집행부를 꾸리고 사업을 추진해 나갈 수도 있었다. 하지만 나는 다르게 생각했다.

정파의 차이를 뛰어넘는 공동집행부 구성

1994년 당시만 해도 학생운동 정파가 다르면 집회에서도 서로 사이가 좋지 않았다. 학생운동 주도권을 놓고 경쟁적이기도 했고 사사

건건 대립했다. 특히 학생회 선거 등으로 자주 부딪혀야 하는 같은 학교 내부 세력들 사이엔 감정의 골이 더 깊을 수밖에 없었다. 그렇기 때문에 한쪽 정파가 학생회 선거에서 승리하면 상대 정파를 매몰차게 배제하고 학생회를 일방적으로 이끌어 나가는 게 관례였다. 학생회를 정파의 소유물처럼 생각하던 시절의 이야기이지만 일반적으로 선거에서 승리한 정파가 단독 집행부를 꾸리는 것이 기본이었다.

하지만 나는 다른 정파 소속 활동가들과 공동집행부를 꾸렸다. 총학생회 선거를 비롯해 단과대학생회 선거 및 과학생회장 선거 결과로 봐서는 충분히 단독 집행부가 가능하고 일방적인 학생회도 가능했지만 다른 선택을 한 것이다.

의장을 맡은 북부총련 집행부도 공동으로 구성했다. 게다가 정파 갈등이 가장 극심했던 조국통일위원회를 북부총련 내부에 구성하는 것도 도와줬다. 생각이 다른 타 학교 총학생회장들의 비판도 있고, 집행부 안에서도 이견이 있었지만 설득했다.

"나랑 생각이 다르다고 학생회 조직 내부에 활동 공간을 만들어 주지 않는다면, 상대가 선거에서 이겼을 때 나에게도 마찬가지 행동을 하지 않겠어? 우리가 비주류로 학생회 활동에서 소외될 때 얼마나 비판하고 반발했었는지 생각해 봐."

첫 수감생활과 군 입대

———

당시 서울지하철노조와 부산지하철노조, 철도기관사노조가 연대파업을 했는데 이를 지원하다가 잡혀갔다. 100일 정도 수감생활을 하면서 재판을 받았고, 집행유예형을 받았다. 총학생회장 임기를 마무리하고 다음 학생회장이 선출된 그다음 주인 12월 15일, 군에 입대했다.

이른바 형사처벌 받은 운동권 출신 학생에 대한 군입대 면제 기준이 계속 변하긴 했지만 당시에도 군대를 가지 않을 방법은 있었다. 실제 같은 시기 총학생회장을 하고 감옥에 다녀온 몇몇은 그 방법으로 군에 가지 않았다. 하지만 나는 어머니에게 등 떠밀려 군에 가야만 했다. 학생운동 하는 내내 불안감을 가지고 아들을 지켜보던 어머니는 '총학생회장까지 네가 하고 싶은 거 다 했으니 마지막 군대 문제는 엄마가 하자는 대로 좀 해주면 좋겠다'고 간청하다시피 하셨기 때문이다. 군에서 나쁜 일을 겪는 사례가 많았던 시절이라 군대에 가고 싶지 않았으나 어머니의 간청을 외면할 수 없었다. 비록 군 생활은 힘들었지만 지금 돌이켜보면 군에 다녀온 것은 잘한 일이다. 국회의원이라는 공직 생활을 하면서 군 문제로 괜한 오해와 논란의 대상이 되지 않게 된 것만으로도 그렇다. 게다가 군에 가서 학생운동에 치중하느라 놓쳤던 책도 많이 읽을 수 있었고, 나 혼자 생각을 해보는 시간도 많이 가질 수 있었다. 어쩜 이리도 시간이 안 가는지 답답할 때가 많았지만 군대에서의 26개월은 나를 성숙하게 하고 곰삭게 했다. 얼치기 학생운동가에서 세상의 변화를 어떻게 이끌어 낼지 고민하게 되는 시간이었다.

제대 후 권영길 대선 캠프 합류

군에서 바라보는 세상은 또 달랐다. 세상은 학생운동이라는 좁은 구멍으로 바라보던 것보다 훨씬 더 빠르고 깊게 변화를 겪고 있었다. 학생운동이 내세운 방식으로 국민들의 동의를 얻을 수 없다는 건 분명했다. 그때 정당을 만들자는 생각을 처음 해봤다. 나는 정치라는 것, 정당이라는 것을 그저 출세주의자들이 국민들의 고통을 외면하고 오히려 투쟁 의지를 약화시키는 진통제 역할이나 하는 것으로 치부했던 게 사실이다. 그런데 장기적으로 국민들을 설득하고 행동하게 만들려면 그에 걸맞은 형태가 필요하다고 생각했다. 정당이었다.

26개월 만기 전역을 하고 나서 마지막 한 학기를 등록했다. 졸업도 해야 하고, 마지막 등록금도 벌어야 했다. 그러면서 졸업 후 어디에서부터 시작해야 정당을 만들고 정치를 할 수 있을지 고민했다.

마침 내가 제대한 해는 대통령 선거를 앞둔 1997년이었다. 그해에 제대하고, 마지막 한 학기를 다니고, 아르바이트를 하면서 대통령 선거에 참여할 방법을 찾았다.

당시 재야에서는 매번 대선 때마다 있었던 김대중 후보에 대한 비판적 지지를 철회하고 독자 후보 전술로 나가야 한다는 흐름이 있었다. 그들은 권영길 민주노총위원장을 후보로 내세우고자 했다. 나는 당시 재야 조직의 종갓집 역할을 하고 있던 '전국연합(민주주의민족통일전국연합)'에 가서 일하게 되었다. 함께 학생운동을 했던 이들은 나의 판단에 반대했고 논란이 있었다. 전국연합을 주도하던 정파가 달랐기 때문이다. 그러나 그런 정파적 논리대로라면 세상의 어떤 것도 변화시킬 수 없다. 세상의 변화 속도는 무시무시한데 운동권의 적응 속도는 느렸다. 세상의 변화 속도에 뒤처져 있으면서 자신이 뒤처지는 줄도 모르는 듯했다. 그때나 지금이나 낡은 정파 구조가 그런 낡은 사고를 단단하게 만드는 것 같다.

전국연합에서 정치부장을 맡아 일하면서 자연스럽게 대통령 선거를 준비하게 되었다. 권영길 민주노총위원장을 중심으로 대통령 선거 준비를 본격적으로 하게 된 것이다. 여러 재야단체와 노동조합이 모여 치르는 선거가 제대로 될 리 없었다. 내부 갈등과 무질서한 선거운동 끝에 권영길 후보는 1.3%라는 참담한 결과를 얻었다.

28세, 첫 국회의원 도전

———

대통령 선거가 끝난 뒤 모두가 뿔뿔이 흩어졌다. 재야단체들과 노동조합들에 파견 왔던 이들은 각자 자기의 자리로 돌아갔다. 나는 몸담고 있던 재야단체를 사직하고 권영길 후보와 함께 진보정당을 만들기로 했다. 남아 있는 사람은 고작 10여 명이었다. 대부분 돌아갈 조직이나 단체가 없는 사람들이었다. 초라했다. 진보정당을 만들기는커녕 당장 그 10여 명의 사람들이 모일 사무실 공간 하나 마련할 돈도 없었다. 그런 어려운 조건 속에서도 한국 정치의 새로운 변화를 일으켜 보겠다는 열정은 대단했다. 권영길이라는 정치적 상징성을 갖는 노동운동의 지도자가 앞장서는 일이라서 기대도 컸다. 1997년 대선 패배 이후 민주노동당을 창당하는 2000년 1월까지의 창당 준비과정은 눈물 없이 말할 수 없는 고난의 시간들이다.

사람이 부족한 탓에 초기에 내가 맡은 직책만도 여러 개였다. 조직부장, 기획부장, 청년실업운동 상황실장, 언론부장, 대표 비서 등이 지금도 기억나는 직함이다. 이 역할들을 한꺼번에 맡아서 동시에 여러 가지 일을 했다. 전국을 돌아다니며 조직을 했고, 언론에 낼 보도자료를 만들었으며, 청년실업 관련 기획과 조직 및 상담을 진행했다. 돈 한 푼 받지 않고 청춘을 갈아 넣고 있으면서도 행복했다. 세상

교육 재정 확충 등을 위한
대정부 직접 교섭 촉구 시위.

을 바꾸는 정당을 만들겠다는 각오가 모든 시름을 잊게 했다.

　그 고난의 행군 끝에 당을 만들고 창당대회를 치른 뒤, 나는 첫 국회의원 선거에 출마했다. 창당대회를 2000년 1월 30일에 치렀으니 기껏 두 달 정도 준비해서 선거에 출마한 것이다. 머릿속으로만 짐작하던 선거라는 것을 치르면서 내가 얼마나 준비가 안 되어 있었는지, 민주노동당이 얼마나 부족한 정당인지 새삼 깨닫고 배웠다. 그러나 열정적으로 당원들과 함께 치른 선거 결과는 나쁘지 않았다. 아니, 사실은 모두가 깜짝 놀랐다. 7명의 쟁쟁한 정당과 후보자들이 도전한 16대 총선 서울 강북을 선거구에서 나는 13.3%를 얻어 3위를 했다. 결과는 낙선이지만 이 의외의 결과를 두고 지역 주민들이 더 신기해 했다. 사표심리에도 불구하고 만 28세 11개월의 젊은 후보에게 격하게 응원을 보내준 주민들 스스로가 더 놀란 눈치였다. 당시에는 표를 좀 더 받을 수 있지 않았을까 아쉬운 마음도 있었는데 지금 돌이켜 보면 이때 그만한 지지를 얻은 것이 지금까지 정치를 할 수 있도록 지역 주민들이 나에게 베풀어준 천리길 가는 넉넉한 '노잣돈'이었다. 늘 감사하게 생각한다.

3
'과감한 전환'
그 이후

진보정당과의 결별

2000년 민주노동당 창당 이후 10년 동안 나는 진보적 가치의 실현과 진보정당의 발전을 위해 최선을 다했다. 활동 과정에서 또 한 번 감옥도 다녀왔다. 대우자동차 정리해고 반대 집회에서 민주노동당을 대표해 마이크를 잡고 연설을 한 게 다였지만 그날 집회의 불법적 행위들에 대한 책임은 나에게 돌아왔다. 당시 민주노동당의 최고위원 격인 전국집행위원을 맡고 있었기 때문에 경찰에 내려온 지휘는 구속 결정이었다. 결혼한 지 6개월 만에 감옥에 들어가 25개월이 지난 뒤에 세상에 나왔다. 힘든 시간이었다. 그러나 이 때문에 피

선거권이 제한되어 2004년 총선에 출마하지 못하게 된 것이 더 큰 일이었다. 정치인에게 선거에 출마하지 못하는 것이 얼마나 고통스러운 일인지 사람들은 잘 모른다. 25개월 감옥살이의 힘겨움보다 선거에 출마하지 못하는 고통이 나에게는 더 힘든 일이었다.

그러나 그 17대 총선에서 민주노동당은 10명의 당선자를 냈다. 진보정당의 원내 진출이라는 엄청난 일을 만들어 낸 것이다. 원내 제3당으로 선 민주노동당을 바라보는 언론과 세상의 시선이 달라졌다. 원외 정당과 원내 3당이 갖는 차이는 천양지차였다. 이때 나는 대변인을 맡았다. 그 뒤로 약 3년 가까운 시간 동안 당의 대변인 역할을 하면서 진보적 가치를 알리고 국민들에게 조금씩 알려지기 시작했다.

그러나 시간이 흐르면서 민주노동당은 국민 기대에 부응하기보다는 내부 분열에 빠져들어 국민들을 실망시켰다. 민주노동당은 '일심회' 간첩단 사건을 계기로 고질적인 운동권 내부 갈등이 폭발하고 NL과 PD 간 세력 다툼이 노골화되었다. 이 때문에 2008년 분당과 진보신당 창당 과정을 겪으면서 나의 고민은 깊어졌다. 비례대표 선출 방식을 둘러싸고 다수파의 비례 국회의원 자리 독식에 대한 욕심이 분당 사태의 출발점이었다. 일심회 간첩단 사건은 하나의 계기, 같이할 수 없다는 결별의 핑곗거리처럼 보였다. 이런 방식의 당 운영과 정파적 논리에 진절머리가 났다. 나는 2008년 총선에 8년 만에 다시 진보신당 이름으로 출마했고 11.8%라는 적지 않은 표를 받았지만 그 뒤 2년 가까이 '진보정당의 한계'를 직면하면서 정치를 그만두는 것이 맞지 않을까 생각했었다. 진보정당이라는 틀을 가지고 세상을 바꾸겠다는 정치적 목표를 이룰 수 있을지 근본적으로 고민했다. 세상에서 가장 바꾸기 어려운 것이 자기 자신이라는 말을 이때처럼 절실하게 느껴본 적이 없다. 단단하게 고정되어 있던 '진보정치=진보정당'이라는 사고방식에서 벗어나는 데 1년이 넘는 시간이 걸렸다. 그리고 마지막까지 망설였다. 진보정당에서의 탈당은 내가 살아온 그 긴 시간과의 결별이고, 모든 인간관계의 해체를 의미했다. 처절하게 혼자만 남겨지는 일을 결정하기란 너무 힘들었다. 이때의 내 고민과 생각을 정리해 출간했던 책이 『과감한 전환』이다. 9년 전 이 책의 저자 서문에 나는 나의 상태를 이렇게 적어 놓았다.

"20년 동안 걸어오던 길에서 내려오고, 20년 동안 고집하던 생각을 바꾸는 과정은 1년이 넘는 고민과 망설임의 연속이었다. 함께 고민을 정리하던 동지들이 나의 망설임에 실망하고 떠나기도 했으며, 다른 한편에서는 나의 새로운 주장과 실천에 동의하지 못하고 떠나는 동지들도 있었다. 사람들이 나를 떠나고 내 생각에 동의하지 못할 때 나는 외로움에 망설였고, 마치 고장 난 시곗바늘처럼 똑딱이며 후회하고 다짐하기를 반복했다. 겁 많고 우유부단한 사람이 과감하고 자신감 넘치는 사람으로 보이는 그 이면에는 이런 갈등과 머뭇거림이 있었다."

멈춰버린 진보에 대한 비판

———

그 선택 이후 10년이라는 시간이 흘렀지만 많은 사람들이 궁금해한다. 박용진은 진보정당을 만드는 데 일조했고, 좌파진영 출신인데 왜 민주당에 있느냐고. 혹시 진보적 가치를 버린 것은 아니냐는 의심이 배어나는 질문이다.

그러나 이 질문은 진보를 매우 협소하게 이해하는 것이다. 진보가 '진보적인 주장을 내세우는 것'을 의미한다면 맞는 말이겠지만 주장하는 것에서 그치는 것이 아니라 실현시키는 게 중요한 것이라면 다르다.

민주노동당은 우리 사회에서 복지정책을 전면화했던 최초의 정치세력이다. 무상의료, 무상교육, 보유세로 선명한 정책을 내세웠다. 그러나 이 정책들은 진보정당이 아닌 기성정당에 의해 부분적으로나마 실현되었고 여전히 많은 과제가 남아 있다. 진보적 정책을 만들고 주장하는 것도 중요하지만 그것을 실현하기 위해 연합하고 연대하고 변화하는 일도 정치세력의 책임이다.

무엇보다, 진보정당이라는 조직적 형태만이 진보적인 가치를 담을 수 있다고 생각하지 않는다. 독일의 철혈재상 비스마르크는 가장 보수적인 정치인이지만 세계 최초의 의료보험, 산재보험, 연금보험 등 사회보장제도를 마련했다. 노동자 정당의 급부상과 혁명의 위험으로부터 벗어나기 위한 방어적 정책이었지만 아이러니하게도 가장 보수적인 정치인이 가장 진보적인 정책을 세상에 적용했던 이 일을 균형 있게 평가할 필요가 있다. 세상은 관념적인 보수와 진보의 틀이 아니라 구체적 상황에 구체적 실천을 결정하는 정치적 선택으로 변화해 가는 것이다. 진보정당이라는 틀만 고집하고 있기보다는 진보적 가치와 정책을 어떻게 실천하고 실현할 것인지를 먼저 생각하는 것이 맞는다고 판단했다.

그렇기 때문에 나는 민주당에서 활동하는 10년 동안 내 정체성을 숨긴 적이 없다. 오히려 민주당의 진보적 가치를 더 풍부하게 하고 정책적으로 과감하게 하려는 당 내부의 역할을 자임했다. 정치적 가치관은 숨겨서도 안 되고 정상적인 정치 활동을 하는 정치인이면 숨겨지지도 않는다.

'진보'라는 틀을 넘어서고, 낡은 가치관을 무너뜨리고 나아가야 진보이지 세상의 변화를 선도하기는커녕 멈춰 서서 끌려가는 것이라면 '말만 진보'일 뿐 사실은 낡은 사고 집단에 불과하다.

겁 없는 도전, 통합 전당대회 당대표에 출마해 파란을 일으키다

————

2011년 진보정당을 탈당하고 '혁신과통합'에 합류했다. 당시 손학규 대표가 이끌던 민주당과 통합을 시도하면서 '혁신과통합' 세력은 '시민통합당'을 창당했다. 나 역시 시민통합당을 통해 민주당과 합당하여 만든 '민주통합당'의 일원이 되었다. 새로운 정당이 만들어진 만큼 새로운 지도부를 구성해야 했다. 나는 이 선거에 출마하기로 했다. 진보정당 출신 만 40세의 젊은이가 거대 제1야당의 통합지도부 구성에 나서게 된 것이다.

당시 16명의 예비 후보들이 등록했고 그중 9명의 본선 후보를 선별하기 위한 중앙위원회가 양재동 모 호텔에서 열렸다. 쟁쟁한 후보들 가운데 9명의 당선자를 발표해야 하는데 맨 처음 '박용진'이라는 이름이 불렸다. 모두가 깜짝 놀랐다. 누군지도 잘 모르는 젊은 정치인이 컷오프를 통과했기 때문이다. 나 외의 당선자들은 한명숙, 김부겸, 박지원, 박영선, 문성근, 이학영, 이강래, 이인영이었다. 나는 이날 컷오프를 통과한 사람들과 함께 전국을 돌며 권역별 유세를 하고, 방송토론을 통해 정책을 겨루고 비전을 제시할 수 있었다.

처음 거대 정당에서 전국선거에 출마하는 가진 것 없는 후보이다 보니 웃지 못할 일도 많이 있었다. 애초 민주당의 당대표 선거 기탁금은 1억 원 수준이었는데 정치 혁신을 한다는 정당이 금권선거를 하려느냐는 비판 때문에 기탁금이 4천 5백만 원으로 대폭 줄었다. 이 중 예비 후보 기탁금은 5백만 원이었고 이 돈은 어렵지 않게 마련해서 납부할 수 있었다. 나머지 기탁금이야 어떻게든 마련할 수 있겠지 하는 생각이었다. 수중에 단돈 4~5천만 원도 없이 제1야당 당대표 선거에 나갔으니 지금 생각해도 대책 없는 도전이 아닌가 싶다. 막상 컷오프를 통과한 뒤에는 나머지 4천만 원을 납부할 방법이 막막했다. 정치자금법상 정당의 당대표 선거에서는 정치후원회를 설치할 수 있으니 그렇게 모아야겠다고 생각했다. 중앙당 선거관리위원회의 대리인 소집에 대리인 자격으로 가는 이에게 '일주일 안에 돈을 모아 납부한다고 각서를 제출할 테니 일주일만 기탁금 납부를 유예해달라'고 부탁해보라고 했다. 일주일이면 충분히 모을 수 있다고 판단했기 때문이다. 그런데 대리인이 30분 만에 전화를 해왔다.

"말도 안 되는 소리 하지 말랍니다. 당헌당규상 내일 오후 6시까지 은행에 입금한 입금표 첨부해서 서류 제출하지 않으면 컷오프 통과는 무효가 되고 차점으로 떨어진 사람을 대신 등록시킨답니다."

순간 눈앞이 캄캄했지만 후원 계좌번호를 트위터에 올리고 이곳저곳 사람들에게 후원금을 보내달라고 간청하면서 온종일 매달리다 보니 후원 통장에 후원금이 들어오기 시작했다. 다행히 서류 등록 마감 전에 후원금이 4천만 원 이상 모여서 가슴 졸이지 않고 기탁금을 납부할 수 있었다. 하루 사이에 천당과 지옥을 오고 갔다.

지금 생각해보면 기적 같은 일들의 연속이었다. 유명한 정치인들이 가득한 후보자들 중에서 유명하지도 않고 국회의원도 해본 적 없는 40세의 젊은이에게 당대표 선거에 나설 수 있도록 표가 모였던 것도 대단한 일이고, SNS에 올린 절박한 호소에 수천만 원의 후원금을 모아준 시민들의 자발적 응원은 내가 경험해보지 못했던 정치적 에너지였다. 아마도 새로운 정치와 과감한 변화의 바람을 원하는 사람들의 마음이 그렇게 모였던 것이 아닐까?

내 선거운동 과정도 화제였다. 다른 후보자들은 후보 수행 차량도 있고, 후보를 수행하는 스태프들도 있어 두세 대의 차량이 동시에 움직였다. 또 후보의 유세를 돕는 대학생, 청년 등 젊은 유세단이 있어 별도의 전세버스 차량도 같이 움직였다. 그런데 나는 달랑 수행원 한 명과 함께 전국 선거를 쫓아다녀야 했고, 차량도 없어 대중교통으로 움직였다. 심지어 춘천에서의 유세에는 서울에서 춘천까지 ITX를 타고 오고 갔다. 광주에서는 방송국에서 방송토론 녹화가 끝나고 곧바로 벌어지는 유세 현장으로 급히 가야 했는데, 차편이 마땅치 않아서 기자들의 취재 차량에 올라타기도 했다. 이를 보며 신기해 하기도 하고 안쓰러워하기도 했던 기자들의 눈빛이 지금도 눈에 선하다.

다른 후보들이 지역에 유세나 방송토론을 갈 때마다 진행하는, 지

역 지지자들 간담회와 유력 정치인들과의 만남 등의 선거운동 방식
은 아예 엄두도 내지 못했다. 아는 사람도 없고 돈도 없었기 때문이
다. 돈이 없어서 다른 후보들은 여러 차례 보내는 문자도 딱 한 번
보냈다. 그것도 장문으로 보내면 가진 돈으로 감당하기 어려워 단문
으로 발송했다.

　모든 것이 부족하고 힘들었던 선거였지만 가슴 뛰는 경험이었다.
세상을 바꿔 보겠다는 포부로 겁 없는 도전을 했고, 그 도전에 호응
해 민주당 당원들은 생소한 젊은 정치 신인에게 기회를 열어줬다.
정파 구조와 계파정치에 휘둘려 있던 다른 정당에서는 상상하기 어
려운 일이 벌어졌던 것이다. 대중정치의 길을 열어주고 진보적 가치
관에 귀를 기울여 주셨던 2011년 12월 민주당 당원들의 응원과 배
려는 지금도 가슴 깊은 감동으로 남아 있다.

2012년 총선 공천 경선 패배의 쓰라린 기억

　민주당에 합류해 과감하게 첫선을 보인 것은 의미 있는 도전이었
지만 곧바로 이어진 2012년 4월 총선을 앞둔 당내 경선은 나에게 쓰
라린 패배를 안겼다. 당시 내가 도전한 강북구을 선거구의 현역 국
회의원은 최규식 민주당 의원이었다. 재선을 거쳐 3선에 나서는 막

강한 현역에게 내가 도전하는 셈이었다. 그런데 '청원경찰 후원금' 문제가 불거지면서 최규식 의원이 불출마 선언을 하게 되자 상황이 급박하게 변했다. 일부에서는 당대표 선거까지 출마했던 정치 신인 박용진에게 단수공천을 해줘야 하는 거 아니냐고 이야기했지만 결국 승강기안전관리원장을 지냈던 유대운 전 서울시의원과의 경선이 결정되었다.

유대운 의원은 지역에서 구의원과 시의원을 지냈고, 지역구 사무국장을 했기 때문에 바닥 조직력이 탄탄했다. 경선선거인단 신청자들의 ARS 투표와 현장 투표로 진행하는 경선 방식은 누가 얼마나 사람을 많이 동원해서 경선선거인단을 신청하고, 투표를 시키느냐의 조직력 싸움이었다.

인지도와 지역 주민들의 호감도가 높다고 생각한 나는 경선에 자신 있었지만, 막상 사람들은 민주당 내부의 경선에는 관심이 없었다. 경선을 하는 줄도 모르는 사람이 대부분이었다. 한 정치인의 인지도와 호감도가 높다고 해도 평범한 시민이 자발적으로 복잡한 과정을 거치는 선거인단 신청을 하고 당내 경선에 참여하리라 기대하는 것은 현실을 모르는 일이었다. 결국 동원할 사람도 없고, 동원할 방법도 마땅치 않았던 나로서는 속수무책으로 경선일을 맞이했다. 결과는 패배였다. ARS 투표에서는 조금 앞섰지만 구청에서 진행한 현장 투표에서는 예상대로 큰 표 차이가 났다. 그날 삼삼오오 손잡고 투표하러 온 사람들 대부분이 상대 후보를 지지한 것으로 보였다.

선거란 전쟁을 대신하는 민주주의 시스템 중 하나라는 말이 있다. 당연히 누가 지지자를 잘 설득하고 조직하고 동원하느냐로 승부가 나는 장이다. '알아야 찍고, 좋아야 찍고, 찍어야 찍는다'는 말도 있다. 인지도가 있고 좋아해야 하는 것도 중요하지만, 막상 '찍어주러 오지 않는' 지지와 호감은 아무런 힘이 되지 않는 것이다. 경선이 있다고 알리고, 참여할 선거인단을 꾸리고, 선거 당일에 투표하도록 독려하는 기본적인 준비를 전혀 하지 못한 나로서는 패배의 결과에 변명할 여지가 없었다. 오히려 나를 지지하고 응원하고 도와주었던 사람들에게 무책임한 준비과정과 결과에 대해 미안해 해야 했다. 쓰라린 패배였지만 민주당 내부에서 경선이라는 것이 어떤 흐름으로 진행되는지, 어떤 준비가 필요한지 깊이 배우는 계기가 되었다. 선거에서는, 사람들에게 막연하게 도와달라고만 말하는 것이 아니라 구체적인 지지 행동을 당부하는 것이 중요하고 최종 행동으로 조직하는 것이 필요하다는 것을 알았다. 선거는 결국 투표에 참여하는 사람에 의해 결정되는 것이다. 만 명이 지지한다고 한들 그들 중 투표에 10명이 참여한다고 하면, 11명의 지지자밖에 없지만 그들 모두를 투표에 참여시킨 상대에게 질 수밖에 없다. 단순하지만 몹시 중요한 사실을 큰 값을 치르고 배웠다. 귀한 깨달음을 얻었지만, 다음 기회까지 무려 4년이라는 시간을 더 기다려야 했다.

당 대변인 시절, 야당 성곽 위 외로운 저격수

경선에서 패배하고 며칠을 집에서 두문불출하는데 우상호 의원에게서 전화가 왔다. 한명숙 당대표와 의논했는데 당 대변인을 맡아주면 좋겠다는 이야기였다. 정작 나는 후보 자격을 얻지 못했는데 당대변인으로 역할을 하는 것이 맞는지 고민했다. 그러나 국회의원 배지를 달겠다는 욕심으로 민주통합당 창당에 결합한 것이 아니라 '정권 교체'라는 시대적 과제를 실현하겠다고 명분을 삼았던 만큼 당의 승리에 헌신하는 길을 외면할 수 없었다. 사흘 뒤 당 대변인 역할을 맡겠다고 했다. 이후 2년여간 민주당의 대변인직을 수행하게 된 첫 걸음은 그렇게 시작되었다.

내가 알기로 그때까지 민주당 60년 역사에서 국회의원을 한 번도 하지 않은 원외인사가 당 대변인에 임명된 일은 두 번뿐인데, 나와 김대중 전 대통령이다. 장면 총리 시절 원외인사인 김대중 전 대통령이 집권여당의 대변인을 맡았던 적이 있었다. 그 당시에도 그런 일은 흔치 않았던 모양이다. 4월 혁명 이후 거대 여당이 된 민주당에서 의원들이 넘쳐날 때인데 정치 신인 김대중을 눈여겨본 장면 총리가 그에게 대변인 역할을 맡긴 것이다. 김대중 대통령은 이 일을 자랑스럽게 기억하고 있었다. 그는 자서전에서 '선량한 총리 곁을 지킨 열정의 대변인'이라는 제목으로 이 일을 인상 깊게 서술했다.

그 부분을 소개하면 이렇다.

"장면 총리는 현역 의원이 아닌 나를 대변인으로 전격 지명했
다. 당시 민주당은 원내 과반 의석 이상을 차지했는데 원외의 나
를 대변인으로 지명한 것은 파격적인 발탁이었다. 그동안 대변인
을 맡고 있었던 조재천 의원이 법무부 장관으로 입각을 하면서 후
임으로 나를 천거했고, 국방부 장관에 지명된 현석호 의원 등 대부
분의 간부들도 나를 적극 밀었다. 실로 감격스러웠다. 마침내 나는
정부 여당의 간부였다. 어느 자리에 어떤 모습으로 일하든 누군가
가 보고 있다는 것을 알았다. 원내에 진입한 일부 소장파 의원들이
불만을 표출했지만 장면 총리의 절대적 신임이 있었기에 이를 물
리칠 수 있었다."

『김대중 자서전』| 김대중 | 삼인

김대중 대통령이 당시 저토록 감격스러워 한 것처럼 나 또한 그랬
다. 원외인사 김대중이 겪었던 '원내에 진입한 일부 소장파 의원들
의 불만 표출' 또한 2년여 당 대변인을 수행하며 겪었다. 처음엔 '헌
신'하겠다는 마음으로 수락했지만 지나면서 보니 원내 제1야당의
당 대변인을 맡는다는 것이 얼마나 막중하고 귀중한 일인지 깨달았
다. 신임을 보내준 당 지도부와 당원들에게 감사한 일이다.

나중에 나는 당 대변인을 맡으면서 '민주당 역사에 원외인사가 당 대변인을 맡은 게 김대중 대통령 이후 내가 처음'이라고 자랑스럽게 이야기했다. 사실관계를 다 따져보지는 않았지만 아직 다른 예를 찾지 못했으니 내 주장이 맞는 것으로 믿을 생각이다.

나의 대변인직 수행은 기구했다. 총선 당시 대변인에 임명된 이후 당이 거듭된 패배를 겪고 정치적 혼란을 겪으면서 무려 9명의 당대표를 모셨던 것이다. 잠깐이라도 민주당의 당대표 역할을 맡았던 분들을 나열하자면, 한명숙-문성근-박지원-이해찬-문재인-박기춘-문희상-김한길-안철수 순이다.

사연을 정리하자면 이렇다. 한명숙 대표가 2012년 총선 패배를 책임지고 당대표를 사퇴하자 2위 당선자인 문성근 최고위원이 20여일 동안 비대위원장 역할을 맡았고, 박지원 의원이 원내대표로 선출되면서 그 직을 이었다. 전당대회를 통해 이해찬 당대표가 선출되고도 나를 당 대변인으로 계속 임명했는데, 2012년 대선 국면에서 무소속 안철수 후보가 문재인 민주당 후보와의 후보단일화 논의 중 이해찬 대표의 2선 후퇴를 요구하여 이해찬 당대표가 물러나자 대선후보인 문재인 후보가 당대표직을 같이 맡았다. 대선 패배 이후에는 원내대표인 박기춘 의원이 비대위원장을 계승해 문희상 의원을 수습 비대위원장으로 추대할 때까지 짧게 2주 정도 당대표 역할을 맡았다. 그 뒤 문희상 비대위를 거쳐 전당대회로 김한길 대표가 선출되었다. 김한길 대표는 2014년 지방선거를 앞두고 안철수의 새정치연합과 전격 합당했다. 공동대표는 김한길, 안철수였다.

결국 나는 2년여 시간 동안 늘 한자리를 지키고 있었는데 당이 온갖 격변을 겪는 동안 '친노'로 규정되었다가 '비노'라고 지칭되었다. 그 뒤 '김한길계'라는 지칭과 '친문'이라는 지칭을 겹쳐 받기도 했다. 남들이 나를 뭐라고 칭하든 내 할 일만 열심히 하고자 했지만 나를 둘러싼 오해는 많았다. 당 대변인을 하면서 겪었던 혼란과 오해는 결과적으로 나를 단단하게 해주었지만 그런 혼란은 두 번 다시 겪고 싶지 않은 기억이다.

당직 사퇴, 새로운 시작

2014년 7월 30일에 재보궐선거가 열렸다. 국회의원 재보궐 선거만 무려 15곳에서 열리는, 그야말로 미니 총선급이었다. 나는 고민이 깊었다. 내가 출마를 준비하고 역할을 맡고 싶은 곳은 서울로 이사 온 뒤 계속 살고 있는 강북구인데, 초선의 현역의원이 버티고 있는 곳에서 다시 기회를 얻을 수 있을지 불안했다. 대과가 없는 한 국회의원 초선에게 그 지역구를 다시 공천하는 것이 관례였고, 경선 기회를 준다 하더라도 상대가 현역 국회의원인 만큼 4년 전보다 더 단단한 지역조직을 구축하고 있을 테니 경선에서 이기기가 쉽지 않을 것이었다. 결국, 만약 730 재보궐선거에 당에서 기회를 준다면 어디든 출마하겠다는 생각을 품고 김한길 대표에게 내 뜻을 전달했다. 그러나 답이 없었다. 당에서 2년 동안 헌신했다고 생각했는데, 그에 대한 판단은 달랐던 모양이었다. 차가운 답을 얻고 나서 마음을 정리했다. 신뢰를 얻지 못한 상태에서 당직에 연연하는 건 의미가 없었다. 보궐선거 전날 사퇴 의사를 전달했고 사람들에게도 알렸다. 나로서는 새로운 출발을 해야 할 시점이 되었다고 판단했다.

재보궐선거는 민주당의 대패로 마무리되었다. 김한길과 안철수 공동대표는 사퇴했다. 민주당에 또다시 격변이 시작되었다. 나는 당의 격변이 지겨웠다. 그로부터 한 걸음 물러나 있고 싶었다. 중앙당 언저리가 아닌 지역에 깊이 파묻혀야 한다고 생각했다. 그때 이미 2년도 남지 않은 2016년 총선, 강북구을 선거구에서 다시 도전하겠다는 마음을 굳게 다진 상태였다. 잠시나마 내 고향이나 다름없는 지역구를 떠나 다른 곳에서 재보궐선거에 출마할 생각을 했던 사실이 부끄럽고 참담하게 느껴졌고 주위에서 나를 응원하던 사람들에게 더없이 미안했다. 지지하고 응원해주는 사람들에게 다시는 실망감을 주지 말아야 한다는 각오가 분명히 섰다. 또다시 지난번처럼 나태한 방식으로 경선을 치르지 않으려면 단단히 준비해야 했다. 결기

를 세우고 계획을 마련해서 구체적으로 움직이기 시작했다.

마침 방송사 몇 곳에서 고정출연 연락이 왔다. 일주일에 10여 차례 고정 프로그램에 출연하면서 인지도를 쌓고 그 틈틈이 지역구에서 사람들을 만났다. 사람의 마음을 얻고 지지를 얻는 일은 농사를 짓는 일만큼이나 정성과 시간을 요구하는 일이었다.

또다시 당내 경선, 민심의 거리에 서다
—

당내 경선을 준비하는 사람이라면 누가 얼마나 많은 당원을 모집하느냐가 첫 번째 승부지점이라는 사실을 알고 있다. 보통 당비를 내는 권리당원들에게 당내 경선의 투표권을 주기 때문에 총선이나 지방선거에 출마할 의사가 있는 사람들은 자신을 뽑아 줄 당원들을 모집해서 입당시키고 당비를 납부하게 한다. 상대보다 많은 당원을 모집하는 사람이 훨씬 유리한 위치에 서게 되는 것은 당연한 일이다.

두 번째는 기존 당원들에게 얼마나 신뢰를 얻느냐가 중요하다. 신뢰를 얻기 위해서는 중앙당 당직을 얻어 활동력을 보여주고 당에 헌신하는 모습을 보여주어야 한다. 동시에 당원들에게 높은 인지도와 호감도를 쌓는 것도 필요하다. 앞서도 말했지만 알아야 찍고 좋아해야 찍는다.

당 대변인을 오래하고, 뉴스에 자주 등장했던 나는 당내 경선에서 유리한 위치였다. 그러나 문제는 현역 국회의원이 관리하고 있는 당원들에게 접근할 방법이 없었고, 새로 당원을 조직할 시간이 많지 않다는 것이었다. 그래도 꾸준히 사람들을 만나고, 입당을 권유했다.

나를 도와주겠다는 사람을 만나면 그냥 고맙다고 하는 것이 아니라 당원이 되어달라, 당비를 납부해 달라고 말했다. 구체적이지는 않지만 수천 명의 지역 주민들이 나를 돕기 위해 당원이 되었고, 당비를 납부하기 시작했다. 눈물 나게 고마운 사람들이 많았다. 민주당에서 영향력 있는 사람들이 현역의원 눈치를 봐야 해서 제대로 움직이지 못했지만, 나는 한 사람 한 사람 만나면서 마음을 얻었다. 한 사람의 마음을 얻으면 그 가족과 주변 지인 10명이 움직였다.

드디어 2016년 4월 13일 총선을 한 달 정도 앞두고 나와 지역 현역 국회의원과의 경선이 실시되었다. 그런데 갑자기 경선 방식이 달라졌다. 이른바 '안심번호 경선'이었다. 당원이 아니라 지역주민 5만 명 정도의 핸드폰에 임시번호를 부여해 일회용 여론조사를 실시하여 그 결과로 당의 후보를 결정하는 방식이었다. 사전에 당원들을 관리하고 정보를 가지고 있는 현역 국회의원에게 일방적으로 유리한 현재 당원경선 방식을 벗어나겠다는 취지였다. 현역 프리미엄은 낮아졌지만 그래도 인지도와 지역 조직에서 강한 영향력을 가지고 있는 현직 국회의원에게 모든 방식의 경선은 유리하기 마련이다.

불특정 다수, 누구에게 여론조사 전화가 갈지 모르는 깜깜이 상황이었다. 3% 정도의 응답률로 간주할 때, 1천 5백 명의 지역구 유권자들만 이 여론조사에 응답할 것으로 보였다. 선거운동도 경선 준비도 쉽지 않은 일이었다.

방법은 하나. 지역 주민들이 많이 오가는 길목에 어깨띠를 두르고 서서 명함을 나눠주다가 먼저 다가와 인사를 건네는 분들에게 경선 방식을 설명하는 것밖에는 없었다. 이 경선 방식을 알고 있는 사람만이 낯선 전화를 받을 것이고, 여론조사에 응답할 것이기 때문이었다. 가족과 주변 지인들에게도 알려달라고 했다. 하루에도 같은 이야기를 수백 번 반복했다. 이야기를 나눈 지역주민들 대부분은 나와 핸드폰 전화번호를 교환했다. 개인적인 친분도 맺었다. 그들은 진심으로 나를 돕겠다고 했고 내 핸드폰으로 자신이 어떻게 박용진 지지 호소를 하고 있는지도 알려왔다.

경선 당일 내게 자신이 여론조사 전화를 받았다는 많은 사람들이 문자와 전화로 알려왔다. 자기 일처럼 기뻐하고 가슴 졸였다고 이야기해줄 때 콧등이 시큰해졌다. 내가 경선에서 승리하기를 바라는 사람들의 진심이 느껴졌다.

선거 결과는 밤 9시경 전해졌다. 경선 발표 현장에 가 있던 후배가 간단한 카톡 메시지를 보내왔다.

"선배님, 축하드립니다!"

선거 사무실에 환호성이 터졌다. 길었던 터널의 끝이 보였다.

4

열정 넘치는
종횡무진 초선의원

정치면허증, 세상을 바꿀 무기

경선 승리 한 달 뒤 벌어진 총선에서 나는 51%가 넘는 득표율로 당선되었다. 2000년 총선에서 만 28세의 나이로 출마한 뒤 16년 만에 당선된 것이다. 그때부터 가슴에 품고 있던 진보적 가치와 정책을 국회라는 정치의 한복판에서 펼쳐나갈 기회를 얻게 되었다.

정말 기뻤다. 흔히 말하는 계파도 없이, 낙하산 깜짝 발탁이 아닌 지역구에서 맨주먹으로 뛰고 구르면서 일궈낸 결과였기 때문에 가슴이 벅찼다. 정말 많은 사람에게 신세를 지고 국회의원이 되었지만 유력자의 낙점으로 만들어 낸 것이 아니어서 누구의 눈치도 보지 않고 할 말을 하고 할 일을 할 수 있게 되었다.

　이제 나는 말 그대로 '정치면허증'을 얻게 되었다. 입법권과 재정 심의권을 가진 국회의원이 되었으니 그 힘을 바탕으로 세상의 변화를 일굴 수 있게 된 것이다. 아무리 정치적 판단이 뛰어나고 훌륭한 자질을 갖추었다 해도 이 '정치면허증'이 없으면 법과 제도를 변경시키고 국민들의 삶을 변화시키는 데 한계가 있다는 것을 절감하고 있었기에 나는 기뻤다. 나에게 국회의원직은 세상을 바꿀 무기였다. 국회는 나에게 있어 연극배우의 무대였고 가수에게 공연장이었다. 정치는 좋은 정책을 제안하는 데 그치지 않고, 문제점을 폭로하는 것으로 끝나지 않아야 한다. 더 나아가 좋은 정책을 실현하고, 문제점을 시정하는 것에까지 이르러야 한다. 그것이 책임 있는 정치의 길이다. 드디어 나는 20대 국회의원이 되었고, 민주당은 야당이지만 국회 제1당이 되어서 정권 교체를 눈앞에 두는 상황이었다. 나의 문제 제기 하나하나가 관료들에게 묵직하게 전달되고, 정책 제안 하나하나가 언론에 의해 의미 있게 다뤄졌다. 모든 것이 국민들이 국회의원에게 위임한 권한 덕분이었다.

　나는 이 위임받은 권한을 100% 다 발휘하고 전력을 다해 세상을 바꾸려 노력하기로 다짐했다. 그러다 보니 맞닥뜨리는 모든 것에 사력을 다하게 되었고 적지 않은 성과를 얻을 수 있었다.

김종인과의 '어색한 만남'

———

김종인 더불어민주당 전 비대위원장이 2016년 대선 당시 문재인 대통령 후보와의 갈등 끝에 국회의원직을 내려놓고 탈당했다. 대단히 안타까웠다. 당을 총선 승리로 이끈 김종인 비대위원장이 왜 그런 결정을 했는지, 그리고 지금 '국민의힘'이라는 보수야당을 이끌고 있는 것에 대해 스스로 어떻게 생각하는지, 그 속을 알 길은 없지만 나로서는 안타까운 마음이었다.

김종인 전 의원의 이런 행보가 진행되자 일부 세력이 그가 민주당 비대위원장을 맡았을 때 비서실장 역할을 했던 나를 공격하기 시작했다. '계파정치' 프레임이 씌워지고 막무가내의 진영논리가 동원되었다. 노골적인 사실왜곡까지 벌어졌다. '김종인이 공천 줘서 국회의원 배지를 단 김종인계 인물'이라는 주장도 나왔다. 그러나 나는 앞서 이야기한 것처럼 누구의 도움도 없이 현역 국회의원과 치열한 경선 끝에 공천권을 거머쥐었고 한 지역구에서 16년 동안이나 바닥부터 구르고 기는 고생 끝에 국회의원에 당선되었다. 조금만 확인해도 알 수 있는 사실을 왜곡해서 멀쩡한 사람을 공격하는 것도 문제이지만 당직이라는 공식적 역할을 맡았다고 누구누구의 계파로 분류하는 것도 바람직하지 못한 정치 문화라고 생각한다. 대변인 시절 9명이나 당대표를 모셨던 내가 도대체 누구의 '계보원'이라는 말인가?

2016년 총선에서 당선된 다음 날 오전, 갑자기 김종인 당시 비대위원장에게서 전화가 왔다. 원래 비서실장을 맡고 있던 박수현 의원이 낙선을 하는 바람에 비서실장 맡을 사람이 없으니 도와 달라는 것이었다. 처음 전화를 받았을 때에는 거절하려 했다. 같이 앉아 밥 한 끼 먹어본 적 없는 사이에 비서실장을 맡아 달라니 이게 무슨 소리인가 싶었다. 게다가 나는 나름 '진보정치인'임을 자부하는데 김종인 비대위원장은 '보수정치인' 아닌가? 경제민주화의 상징적 인물이기는 하지만 당시 내가 생각하는 '정치적 결'이 김종인 비대위원장과 맞지 않는다고 생각했다. 김종인 비대위원장은 시간이 없으니 생각을 해 보고 저녁 전에 결정해서 알려달라고 했다.

전화를 끊고 생각해보니 여러 감정이 교차했다. 비서실장 맡길 사람이 없어 생면부지나 다름없는 사람한테 그런 중책을 맡기려 하는가 싶기도 했고, 선거에 이기기는 했지만 자기 사람 하나 없이 민주당 안에서 정치 활동을 어떻게 해 나가실까 걱정도 들었다. 비대위원장 역할이 끝나실 때까지 몇 달만 맡아주면 될 것 아닌가 하는 생각이 들면서, 민주당에 와서 고생 끝에 총선 승리도 이루셨으니 당의 일원으로 도와 드리자는 마음이 강해졌다. 결국 오후 늦게 비서실장 역할을 맡겠다고 전화를 했다.

비서실장으로서의 첫 일정은 광주 망월동에 총선 승리 보고를 하는 참배식에 참여하는 것이었다. KTX를 탔는데, 나와 김종인 비대위원장의 좌석이 나란히 배치되어 있었다. 1인석도 빈자리가 있는데 군이 왜 이렇게 좌석 배치를 했느냐고 보좌진에게 물어보니 '두 분이 좀 친해지시라'는 의미였다고 했다. 특별히 할 이야기도 없는데 머릿속으로 이런저런 이야기 소재를 정리해서 김종인 비대위원장에게 말을 건넸다. 그런데 이분이 워낙 말이 긴 걸 싫어하고 대답도 단답형으로 짧게 하시는 바람에 천안도 못 지나 준비한 이야깃거리가 다 떨어져 버렸다. 그때부터 광주에 도착할 때까지 어찌나 어색하고 난감하던지 나중엔 둘 다 눈을 감고 자는 척을 했던 것 같다.

알고 보니 김종인 비대위원장보다는 부인인 김미경 교수가 나를 먼저 알았다고 한다. 방송 등을 통해 활약을 지켜보다가 좋게 평가했다는 이야기를 들었고, 나중에 비서실장으로서 직접 뵈었을 때에도 그런 말씀을 하셨다. 김미경 교수님도 정치적 식견이 보통 국회의원 이상이었고 김종인 비대위원장에게도 많은 조언을 하는 것으로 보였다.

내가 비서실장으로 일한 기간은 4개월이 좀 넘는 짧은 시간이었지만 나는 그분 곁에서 많은 것을 배웠고 그 뒤로도 같은 당 소속 의원으로서 재벌개혁과 경제민주화 흐름을 만들어 가면서 자주 만나고 이야기를 나눴다. 정치를 하다 보면 꼭 같은 결의 사람들끼리만 함께하게 되는 것은 아니고 그것이 좋은 것만도 아니다. 서로 다른 경험, 다른 생각을 가지고 있어도 서로를 인정하고 생각을 주고받으며 배우는 것이 더 많다. 더욱이 수십 년간 한국 정치의 한복판에서 다양한 정책을 매만지고 정치·경제·사회 문제에 폭넓은 경험을 쌓아온 김종인 전 의원에게서 나는 이전에 경험하지 못한 많은 것을 간접적으로 보고 배울 수 있었다. 비서실장으로서 보낸 짧은 4개월의 시간이 정치적으로 좋은 공부 시간이었던 셈이다.

김종인 전 의원이 탈당을 하고 자연인으로 있던 2018년 초, 내가 쓴 책『재벌은 어떻게 우리를 배신하는가』출판기념회에 그가 축하인사를 위해 찾아왔다. 그때 맨 앞줄에 앉은 참석자들의 면면을 보고 언론에서는 '박용진 정치의 폭넓은 스펙트럼'이라고 표현했고 나를 싫어하는 누군가는 참석자들 사진을 자신의 SNS에 올리면서 '이놈은 정체가 뭐냐?'고 써놨다. 당시 맨 앞줄에는 김종인 전 의원을 비롯해 문희상, 정세균 두 국회의장 및 당 지도부와 이재명 경기도지사, 권영길 전 민주노동당 대표, 이수호 전 민주노총위원장이 앉아 있었다. 보수에서 진보까지, 좌우를 망라하는 참석자들의 면면이 진영논리에 갇힌 이들에게는 납득 불가한 일이었는지도 모른다. 그러나 적어도 나는 어느 한 진영에만 매여 세상을 바꾸려는 편협한 정치인이 되지는 않을 생각이다. 그것은 마치 축구경기에서 한쪽 방향으로만 미련하게 공을 몰고 가 경기를 망치는 축구선수와도 같다. 운동장을 넓게 쓰고 다양한 전술을 구사할 줄 아는 축구가 팀을 승

『재벌은 어떻게 우리를 배신하는가』 출판기념회.

리를 이끌고, 진영논리에 갇히지 않고 폭넓은 정치적 다양함을 만들어 가는 정치인이 세상을 바꿀 수 있다. 많은 당대표를 모시고 일해보고, 많은 이들과 정치를 하면서 내가 배운 결론이다.

김대중과 노무현도 한때 비주류

내가 진보정당 출신이기 때문인지, 아니면 의정활동을 하면서 재벌 및 사회기득권 세력들과 타협하지 않았기 때문인지는 모르지만 밖에서는 '박용진은 비주류'라고 보는 시각이 많은 것 같다. 대학을 졸업하고 진보정당 운동에 앞장서고 감옥도 다녀오면서 한국 사회의 주류 세력들과 교류하거나 친하게 지낼 계기가 없었던 것은 맞다. 그리고 의정활동을 하면서 '할 말은 하고 할 일은 한다'는 원칙으로 밀고 오다 보니 타협이 불가능한 독불장군 이미지가 있는 것도 사실이다. 그렇지만 그런 원칙을 지키다 생긴 비주류 이미지를 벗어나기 위해서 지금까지와 다른 태도를 보일 생각은 없다. 게다가 원칙을 분명히 하는 것과 타협 가능성은 별개의 문제다. 원칙이 분명해야 타협도 가능하다는 것이 내 생각이다. 이래도 좋고 저래도 좋은 입장은 오히려 타협을 어렵게 한다. '유치원3법'은 야당의 반대에도 불구하고 패스트트랙을 통해 1년 4개월 만에 국회에서 통과되었지만 원안이 통과된 것이 아니라 수정안이 통과되었다. 패스트트랙에 올리는 데 필요한 제3당인 '바른미래당'의 동의를 얻기 위한 타협의 결과였다. '회계 투명성'이라는 원칙을 얻기 위해 많은 부분 양보했던 것이다. '원칙적'이라는 것과 '비타협적'이라는 말은 다르다.

억울한 경우도 많다. '내로남불'하지 않기 위해 내놓는 소신발언을 '내부 총질'이라는 말로 비난하는 경우는 뭐라 할 말이 없다. 내가 야당일 때 국가고위공무원들에게 내세운 기준을 여당이 되었다고 달리 적용하는 것은 국민 눈높이에 맞지 않는 정치적 편의주의에 다름 아니다. 국민들은 정치인에게 그런 모습을 바라지 않는다. 무엇보다도 국가 지도자가 되고자 하는 사람은 자신에게 더 엄격해야 하는 법이다. 내 편이라서 봐주기 시작하면 같은 경우가 생길 때 다른 사람에게 어떻게 기준을 세우겠나. 괜히 '읍참마속(泣斬馬謖)'이라는 말이 생긴 것이 아니고 '춘풍추상(春風秋霜)'이라는 말이 있는 게 아니다.

할 말을 했다고 공격받는다면 억울해도 어쩔 수 없다. 억울함을 감내하고 또박또박 할 일 하다 보면 비판하는 사람들도 언젠가는 그 마음을 알아준다. 국민의 눈높이와 상식에 입각한 언행이야말로 정치인이 힘을 가질 수 있는 바탕이다.

김대중 대통령과 노무현 대통령이야말로 정치적 비주류에서 대한민국의 지도자로 변화하고 발전해 온 정치인이다. 김대중 대통령은 해방 직후 좌파 정당에서 정치의 첫발을 떼었고, 민주당 안에서 온갖 고난 끝에 뒤늦게 배지를 달았으며, 비주류로 분류되었다. 정치적으로도 군사정권에 온갖 탄압과 고초를 겪으면서 힘겨운 정치인의 길을 걸었다. 노무현 대통령 역시 마찬가지이다. 노동인권 변호사, 거리의 변호사로 활동하다 김영삼 대통령의 낙점으로 국회의원이 되었고, 소신이 강하고 주장이 분명해 일부러 편안한 길을 거부하는 정치인처럼 낙인 찍힐 정도였다. 김영삼 총재가 이끄는 3당 합당을 거부했고, 부산 선거에서 낙선한 뒤 소수정당의 길을 마다하지 않았으며, 지역주의 정치에 저항하며 부산에서 낙선을 거듭하는 '바보' 같은 우직함으로 국민의 마음을 얻었다. 그는 당내 절대 주류 세력인 동교동계가 추대한 이인제가 아닌 '원칙의 승리'를 주장하며 대선에 출마, 국민의 지지를 얻으며 당내 경선에서 승리했다. 그 뒤에도 민주당 내 '비토' 세력들에게 시달린 끝에 드라마 같은 대선 승리를 일궈냈다. 대통령이 되는 순간까지 비주류와 소수 세력 프레임에서 벗어나지 못했으니 고난의 행군이 따로 없는 정치인이다.

그러나 민주당의 이 두 대통령이 그 고난의 시간과 비주류의 어려움을 겪으면서 갈고 닦은 정치적 비전과 철학이 민주당과 대한민국을 풍성하게 만들고 발전시켜왔다. 나 역시 이런 진보적인 사고와 자유로운 시선으로 민주당을 풍부하게 하고 세상을 변화시켜 나갈 것이다. 진보가 우리 사회를 더 멋지게 만들 것이라고 생각하고 김대중·노무현처럼 왼쪽에서 온 박용진이 민주당을 더 폭넓은 정당으로 만들 것이라고 자신한다. 원칙과 상식, 운동장을 넓게 쓰는 풍부한 상상력, 정직하게 세상을 대하고 국민의 상식에 부합하는 정치가 세상을 바꾸는 힘이 될 것이다. 그것이 내 정치적 믿음이다.

5

제20대, 21대 국회에서의
거침없는 행보

이건희 회장에게서 1,030억 원의 세금을 징수하다

나에게 재벌개혁은 스무 살 학생운동 시절부터 거의 버릇처럼 되뇌어 오던 개념이다. 학생운동 시절에는 재벌개혁보다는 '재벌 해체'를 주장했다. 노동자를 착취하는 재벌대기업과 그들과 결탁해 노동운동을 탄압하는 국가권력에 대한 분노와 반대가 늘 머릿속에 자리하고 있었다. 온갖 비리와 특혜로 얼룩지고 국민경제에 부담을 안기는 재벌총수들의 행태에도 매우 적대적이었다. 당연히 나의 국회의원 활동은 재벌개혁을 어떻게 할 것인지에 초점이 맞춰져야 했다.

그런데 솔직히 고백하건대, 나는 재벌대기업에 대해 반감만 있었지 어떤 정책과 방법으로 재벌을 개혁하고 문제를 반복하지 않도록 할 것인지에 대한 구체적인 답을 갖고 있지 못했다. 매우 아마추어적인 태도로 접근하기엔 국회의원이라는 자리가 가진 책임감과 무게가 컸다. 하나하나 제대로 들여다봐야 했고 신중하게 접근해야 했다.

한국의 재벌경제 구조는 다른 나라에서 그 예를 찾아보기 힘들 정도이다. 재벌대기업과 그 계열사들이 우리 경제의 너무 많은 분야에서, 너무 큰 영향력을 갖고 있다. 그리고 재벌대기업 그룹의 총수와 그 일가가 너무 적은 지분으로 너무 큰 결정권을 발휘하고 있다. 경제력 집중이 가져오는 국가 경제 전체에서의 부담과 피해도 클 뿐 아니라 그로부터 발생하는 경쟁력 약화와 혁신동력 상실 등 장기적 문제도 분명하다.

그렇다고 재벌대기업을 적대시하고 해체, 퇴출시키는 것은 답이 아니다. 한국 경제의 현재 상황에서 재벌문제를 관념적으로 접근해 마구잡이로 다루는 것도 무책임한 일이다. 하나하나 문제점을 드러내고 그것을 시정해 나가면서 법 제도적인 구조적 개혁을 동시에 밀고 나가야 한다. 한국 경제에서 재벌개혁은 경제 발전을 위해 꼭 필요한 일이고, 한국 사회에서 재벌문제 해결은 우리 사회가 다음 단계로 도약하기 위해 현명하게 풀어내야 하는 어려운 과제임이 분명하다.

국회의원이 되고 나서 재벌총수 일가의 기업지배구조 문제를 해결하기 위해 구체적 문제를 드러내고 법 개정 작업에 치중하던 중 뜻밖의 사실을 하나 알게 되었다. 2008년 김용철 변호사가 양심고백을 통해 고발한 삼성전자 이건희 회장의 차명자금 4조 5천억 원에 대한 누락된 세금의 징수 조치가 이루어지지 않고 있다는 사실이었다. 실제로는 드러난 돈의 두 배쯤 더 숨겨져 있다거나, 특검이 발표한 것처럼 그 돈의 출처가 고 이병철 회장으로부터 상속받은 돈이 아니라 그룹 계열사들로부터 조성한 비자금이라는 등 남은 의혹이 많았다. 그러나 법은 늘 약자 앞에서 추상같았고 강자 앞에서는 너무나 쉽게 구부러졌다. 이 문제를 둘러싼 모든 의혹과 잡음은 법적으로 이건희 회장에게 유리하게 처리되었고 언론들은 침묵했다. 세상은 이 문제를 빠른 속도로 잊어버렸다. 그런데 2016년에 내가 국회의원이 되고 나서 이 문제를 다시 확인하게 된 것이다.

결론적으로 4조 5천억 원이라는 돈은 금융실명법을 위반했고, 금융실명법 제5조에 따라 그 돈을 바탕으로 벌어들인 이자와 배당소득 등 금융자산은 모두 차등과세를 통해 세금으로 국고 환수되어야 했다. 그런데 내가 이 문제를 건드리기 시작한 2017년 국정감사 때까지 국세청은 세금을 걷지 않고 있었다. 금융실명법에 대한 유권해석 권한을 가진 금융위원회가 이건희 회장 돈에 세금을 걷지 말라고 했다는 것이다. 왜 그런지 금융위원회에 물어보니 대답이 가관이었다. '금융실명법 5조에서 이야기하는 비실명자산의 차명이 허무명이 아닌 주민등록상 실존하는 실지명의인의 것이라면 그것도 실명이므로 금융실명법 위반이 아니다'는 것이었다. 말이 어려워 이걸 이렇게 풀어서 물어보았다.

"홍길동, 뽀로로 등 가짜 이름으로 내 돈을 숨겨 놓으면 법 위반이지만 비서나 친구 명의로 돈을 숨겨 놓으면 금융실명법 위반이 아니라는 말입니까?"

금융위원회는 '그렇다'고 대답했다. 이 기상천외한 유권해석으로 이건희 회장은 차명계좌에 대한 과세를 피할 수 있었다. 그리고 그 덕에 대한민국의 다른 돈 있고, 힘 있고, 빽 있는 사람들이 덩달아 자기 돈을 다른 사람 이름으로 숨겨 놓고 세금 부담 없이 자산관리하며 자식들에게도 세금 없이 상속·증여할 수 있었다. 이건희 회장을 봐주자니 다른 사람들도 봐줘야 했을 텐데 어차피 그들 모두는 대한민국에서 힘깨나 쓰는 특권층이었다. 이런 황당한 일이 대한민국에서 관료들에 의해 벌어지고 있었다. 국민들은 이런 사실이 벌어지고 있는지조차 알지 못하게 해놓고 말이다!

금융위원회는 내 문제 제기에도 요지부동이었다. '어느 집 개가 짖는가 보다' 하는 식이었다. 국정감사라고 해봐야 하루만 버티면 되고, 국회의원 질의에 주어지는 기껏 5~7분 정도의 시간만 잘 방어

금융위원회 국정감사 때 이건희 차명계좌 관련하여 발언하고 있다.

하면 끝나는 일이었으니 그들 입장에서는 그런 태도가 어쩌면 당연한 것일 수 있었다.

아마 금융위원회 입장에서는 내가, 이미 언론에 이름도 많이 났고, '삼성저격수'니 '재벌개혁전도사'니 하는 별칭도 얻었으니, 국정감사가 끝나면 박용진이 제풀에 지쳐 그만둘 것이라 생각했을 것이다. 그러나 나는 그렇게 끝낼 생각이 추호도 없었다. 국회의원들이 문제를 제기하기만 하고 마무리를 제대로 하지 못하는 모습을 비판적으로 보아왔던 탓에, 어떤 문제를 한번 물면 끝까지 간다는 생각을 하고 있었다. 그리고 실제로 그렇게 해야 세상이 조금이나마 바꿔는 것이다.

금융위원회 다음 날 벌어진 금융감독원 국정감사에서도 이 문제를 물고 늘어졌다. 금융감독원 국정감사에서 이건희 회장이 '차명'뿐 아니라 '도명계좌', 즉 남의 허락 없이 이름을 가져다 계좌를 만든 경우도 있다는 사실을 찾아냈다. 그것만으로도 이 문제 전체를 다시 들여다볼 계기가 만들어진 것이다.

당시 문재인 대통령이 집권한 뒤 각 부처에서 개혁을 위해 구성한 이른바 '적폐청산위원회'가 있었는데, 금융위원회에서는 '금융행정혁신위원회'라는 이름으로 개혁적 금융전문가들이 모여 활동을 하고 있었다. 나는 이쪽에도 이 문제를 논의해서 다뤄달라고 했는데, 금융행정혁신위원회에서 '박용진의 문제 제기'가 맞고 '유권해석이 틀렸다'는 입장을 밝혔다. 나는 온갖 곳으로 뛰어다녔고, 정부여당의 지위를 십분 활용했다. 당시 원내대표인 우원식 대표가 공개적으로 금융위원회를 두 차례나 경고했다. 야당이었으면 할 수 없었을 전방위 압박을 통해 금융관료들의 백기 투항을 받아냈다. 결국 국정감사 마지막 날 금융위원장은 자신들이 유지해 온 유권해석이 비상식적이었음을 우회로 인정하고 해석 변경 및 이건희 회장의 해당 계좌에 대해 다시 들여다보고 과세 조치를 취하겠다고 했다.

나는 여기에서 그치지 않았다. 과세뿐 아니라 일부 계좌에 대해 과징금 부과 조치를 취하도록 압박했고 결국 이 문제에서도 금융위원회의 반발을 꺾고 법제처 유권해석을 통해 이건희 회장에게 45억 원의 과징금을 부과하는 데 성공했다. 대한민국의 법이 대한민국의 사실상 최고 권력자라고 지칭되는 삼성 이건희 회장에게도 제대로 적용된 것이다.

법 해석이 바뀐 뒤 국세청이 최근까지 3년간 이건희 회장 등 특권층에게 뒤늦게 징수한 세금이 모두 1,150억 원이었고, 그중 이건희 회장에게만 최소 1,030억 5천만 원의 세금과 과징금이 부과된 것으로 추측된다.

조세 징수의 성과뿐 아니라 유권해석을 변경했으니 이제 이건희 회장 같은 변칙적인 불법행위는 더이상 대한민국에서 발붙이지 못하게 되었다. 금융실명법이 선포된 지 24년 만에 제대로 작동되기 시작한 것이다. 문제 제기가 제도 개선까지 이어지고, 세상이 단 1센티미터라도 긍정적인 방향으로 변화하게 되어 뿌듯한 자부심을 느낀다.

5년의 전쟁 끝에 얻어낸 현대자동차 리콜

———

산업부나 경제부를 출입하다 정치부로 옮겨 온 기자들의 전언에 따르면 현대기아차그룹의 대관 담당, 홍보 담당 임원들은 나에 대해 이야기할 때면 얼굴빛이 변한다고 한다. 육두문자를 서슴지 않는 사람도 있다고 했다. 어떻게 계산한 것인지 모르지만 그들은 '박용진 때문에 현대차가 1조를 손해 봤다'는 말도 한다고 한다. 아마도 나로 인해 시작된 현대차 세타2엔진 리콜과 무상수리 조치 등 연이은 제작 불량 문제와 관련한 소비자 보상 조치에 들어간 비용을 과장되게 말한 것 같다. 개인적으로는 우호적인 관계였던 현대차 노조 쪽에서도 서운하다는 항의와 비판의 목소리를 내게 전달해왔다. 내가 할 일을 한 덕분에 그런 이야기를 듣는 것이라서 대수롭지 않게 넘어가지만 현대차 측의 잘못된 태도는 나를 쓴웃음 짓게 한다. 제작결함이 발생한, 그것도 안전과 직결되어 있는 초고가 공산품인 자동차에 대한 판매 후 서비스는 너무 당연한 일이고, 그 과정을 통해 제작사와 소비자의 신뢰가 형성된다. 어떤 제품이든 제작사 혼자서 품질을 향상시킬 수는 없다. 제품을 만지고 쓰는 소비자에 의해 불편함이 지적되고 결함이 제기되면 그것을 수정하고 바꿔가면서 완벽하고 안전한 제품을 만드는 것이다. 그런데 현대기아차는 오히려 이를 숨기고 회피하려다 문제가 더 커졌고 검찰의 수사와 처벌까지 받게되었다. 내 의정활동에 의한 지적 때문이 아니라 자발적으로 리콜과 무상수리 조치를 적극적으로 했더라면 오히려 자동차 시장에서 깊은 신뢰를 얻었을 것이라는 아쉬움이 남는다.

내가 현대자동차 측과 5년째 전쟁 같은 자동차 안전 논쟁을 벌이고 있는 이유는 2016년 8월 2일, 전국을 떠들썩하게 했던 부산 싼타페 급발진 의혹 사건 때문이다. 부산 감만동에서 다대포해변으로 이동하던 2002년식 싼타페 자동차가 제동 불가로 인해 불법 주차되어 있던 트레일러 좌측 후미에 추돌했다. 이 사고로 운전자를 제외한 모든 탑승자가 현장에서 숨졌다.

이 사건이 다른 급발진보다 더 주목을 받은 것은 해당 운전자가 현장에서 숨진 탑승자들의 외할아버지이자, 아버지 그리고 남편이었기 때문이다. 그는 단 한 번의 급발진 사고로 자신의 아내와 친딸, 외손자 둘을 잃었다.

이미 2016년 10월 국정감사에서부터 현대자동차 측의 미국 수출 차량과 국내 판매 차량의 품질 및 서비스 차별에 대한 지적과 비판을 한 적이 있지만 이 사건으로 나는 현대기아차와 전혀 다른 전쟁을 하게 되었다. 만일 현대차가 이 사고에 대해 제대로 대응하고, 유가족을 위로하고, 대기업으로서의 책임을 다했다면 나는 현대차를 대상으로 5년 동안 전쟁을 시작하지 않았을 것이다. 국토부가 현대차에 대해 관리감독 역할을 제대로 해서 문제를 바로잡았다면 박근혜 정부의 국토부는 물론 문재인 정부의 국토부 장관을 상대로 5년 동안 집요한 논쟁을 벌이지 않았을 것이다. 그런데 둘 다 제대로 된 역할을 하지 않았다.

자동차 결함 피해자 제보 간담회

일시 : 2017년 2월 22일 오전 10시   장소 : 국회의원회관 제10간담회의실 (427-1호)
주최 : 국회의원 박용진   후원 : 국토교통부, 국민권익위원회, 공정거래위원회, 한국소비자원, 교통안전공단

현대기아차의 차량 결함 은폐 의혹 관련해 싼타페 급발진 사고를 비롯한 자동차 결함 피해자들의 생생한 증언을 듣기 위한 '자동차 결함 피해자 제보 간담회'.

2016년 8월 부산에서 사고가 벌어졌을 당시 그 끔찍한 사건을 뉴스를 통해 알게 된 나로서는 12월 발표된 경찰의 수사결과가 너무나도 어이없었다. 사고 발생 당시 급발진 의혹이 제기되고 있었기 때문에 결론이 어떻게 날까 궁금해하고 있었는데, 경찰은 사고의 최대 피해자이기도 한 운전자에게 과실치사 혐의를 뒤집어씌우는 결론을 내린 것이다.

나는 경찰의 어이없는 수사결과에 화가 났다. 하지만 이건 단순히 경찰만의 문제가 아닐 것이었다. 상대는 현대기아차그룹이라는 거대한 자동차 대기업이다. 부실수사의 이유도, 사고 원인 파악의 한

계도 다 이 대기업의 담장을 넘지 못해서일 가능성이 컸다. 국내에
는 자동차와 관련해 자동차 제작사를 넘어서는 시설과 인력을 가진
곳이 없다. 현대기아차가 자신들에게 불리한 판단을 할 리가 없고,
그런 결론을 찾도록 협조할 리도 없기 때문이다.

이 문제를 정면으로 다루는 결정은 사실 나로서도 어려운 일이라
많이 망설였다. 내가 국토부를 상대로 상임위원회 활동을 하는 국토
교통위원회 소속도 아니고 전문성도 없었기 때문이다. 더 나아가서
현대자동차라고 하는 대기업과의 일전을 각오해야 하는 일이었다.
삼성과의 싸움도 힘든 판에 현대자동차까지 전선을 확대하는 게 현
명한 것인지 고민이 적지 않았다.

그러나 아내와 딸, 손자를 잃은 피해자가 일가족을 죽음으로 몰아
넣은 가해자로 지목돼 자책감과 상실감에 따른 슬픔에서 헤어나오
지도 못한 채 법적 처벌 대상까지 되었다고 생각하니 도저히 이 문
제를 외면할 수가 없었다. 국회의원으로서 당연히 감당해야 할 부담
이라고 생각했다. 내가 국회의원이 아니었다면, 경찰을 규탄하는 글
을 SNS에 올리거나 현대자동차 사옥 앞에 가서 1인 시위를 하거나
사람들을 모아 규탄 집회를 하거나 기자회견을 했을 것이다. 그러나
내가 국회의원이기 때문에 국민의 억울함을 대신 표현하는 항의 수
준을 넘어서서 잘못된 일을 바로잡을 의무가 있다고 판단했다. 의원
실 보좌진들의 도움을 받아 2017년 2월 대정부질문을 통해 국토부

장관에게 현대차의 제작결함 은폐 의혹을 지적했다. 김광호 부장 등 내부고발자와 힘을 모아 현대자동차의 부도덕한 태도를 기자회견과 의정활동을 통해 조목조목 지적했다. 이 과정에서 싼타페 차량 운전자는 경찰 수사결과와 다르게 검찰 수사 단계에서 무혐의로 결론이 나, 더 억울한 일이 벌어지지는 않았다. 안타까운 것은 해당 차량의 고압펌프 제작결함을 현대차 측이 알고 있었다는 사실이다. 내부고발에 따르면 이는 진작 리콜 대상이 되었어야 했는데 현대차가 이를 무상수리 조치하는 바람에 결함 사실이 사고 차량 운전자에게 전달되지 않았던 것이다. 결국 제작사 측의 무성의한 조치로 안타까운 희생이 생긴 사고였다.

내가 현대자동차의 제작결함 의혹 문제를 다루기 시작하자 회사 측 국회담당자들이 항의도 하고 읍소도 해왔다. 동료 의원들을 통해서 연락도 하고, 언론을 통해 반박도 해왔지만 나는 개의치 않고 2016년에 이어 2017년 국정감사에서까지 현대자동차의 자동차 품질 문제, 제작결함 은폐 문제를 따졌다. 결국 세타2엔진의 리콜을 이끌어냈고, 국회에서 현대차 측의 제작결함 관련 의심 차량들에 대해 무제한 무상수리 조치 약속을 받아냈다. 그 뒤 현대차 측의 시정 노력을 지켜보면서 약속한 조치를 제대로 진행하고 있는지 점검했다. 그리고 2020년에 다시 코나 전기차량 화재 사건, 더뉴그랜저 엔진 오일 감소 현상 등의 문제를 점검하며 국정감사에서 다시 문제 삼기 시작했다.

자동차 제작결함은 심각한 안전 문제를 유발할 수 있기 때문에 국민들이 매우 민감하게 생각하는 일이지만 이를 감독해야 하는 국토부가 적극적인 자세를 보이지 않고 늘 사고 후 땜질 처방으로 일관하고 있는 점이 우려스럽다. 이 문제도, 문제 지적에 따른 성과가 있었고 변화도 만들어 냈지만 앞으로 국민안전을 위한 조치에 보다 적극적으로 나서서 필요한 제도 개선과 법 개정까지 이뤄낼 생각이다.

현대차는 나 때문에 이런저런 손해를 봤을 가능성이 크지만, 그 손해는 문제가 되는 결함을 은폐하고 외면해 온 현대차 스스로가 만든 것이다. 선제적으로 나섰더라면 좋았을 일을, 결국 돈도 잃고 소비자의 신뢰도 잃게 됐으니 말이다.

'유치원3법'에 백기 투항한 한유총

———

20대 국회에서 국민적 관심 속에 통과된 법안이 많았지만 그중 '유치원3법'처럼 문제 제기에서부터 법 통과까지의 1년 4개월이라는 기간 내내 국민적 관심을 끌었던 사안은 드물다. 많은 사람들이 이 일을 내가 첫 국회의원 임기 동안 가장 잘한 일이라고 기억하고 있다. 2018년 11월 갤럽의 여론조사에서 '국정감사를 가장 잘한 국회의원은 누구냐?'고 묻는 주관식 질문에 응답자의 16%가 '박용진'이라고 답을 했다. 그만큼 국민들이 유치원 개혁의 필요성에 공감했고 법 개정에 적극적인 찬성 의사를 보인 것이다.

사실 이 문제를 제기할 무렵 나는 국회의원 활동에 대한 심각한 자괴감에 빠져 있었다. 국회 정무위원회에서 이건희 회장 차명계좌 문제를 바로잡고, 현대차로부터 리콜을 끌어내는 등 성과 있는 활동을 했는데 별다른 설명을 듣지 못하고 교육위원회로 상임위원회가 전격 변경된 것이다. 때마침 삼성 등 재벌총수 일가의 기업지배구조 문제에 대해 적극적인 활동에 나선 때인데 갑작스러운 상임위 변경 통보는 나의 의정활동 의욕을 완전히 꺾어 놓았다. 교육위원회가 중요하지 않은 것이 아니라 집중하고자 했던 경제정의와 재벌개혁 문제에서 강제로 격리당한 느낌이었다. 재벌들의 로비가 있었는지, 관료들의 불평이 있었는지는 모르지만 나로서는 당에서 버림받은 느낌마저 들었다.

그때 교육위원회 보좌관 경험을 가지고 있는 보좌진이 조심스럽게 유치원 개혁을 다루겠다고 했다. 연구 비리, 사학 비리, 유치원 비리를 교육계에서 척결해야 하는데 어느 것 하나 쉬운 게 없다면서 그중 유치원 문제가 사립유치원연합조직인 한유총의 조직적 반발로 가장 다루기 어렵다는 설명이었다. 도심지역 국회의원 선거구마다 20~30여 개 정도가 있는 유치원 원장들의 영향력도 만만치 않아 자칫 낙선의 위험도 있을 수 있다는 설명이었다. 상황이 이러하니 위험을 감수하고 유치원 문제를 건드릴 건지 아니면 침묵하고 지나갈 건지 나에게 물었다. 나는 그런 것은 두려워하지 않으니 마음껏 준비하시라고 답했다. 비슷한 시기에 경기도 교육청 시민감사관으로 활동한 최순영 전 국회의원이 경기도 지역 사립유치원들에 대한 감사결과를 들고 찾아왔다. 이 문제를 누군가 밝혀야 하는데 뒷감당할 배짱이 있는 사람으로 나를 떠올렸다고 했다. 존경하던 최순영 전 의원의 '낙점'이 고마웠다. 흔쾌히 그 감사결과를 공개하겠다고 했다. 때마침 이 문제를 정면으로 다루려고 했던 MBC도 함께 일을 만들어 가기 시작했다. 의원실에서는 경기도 감사결과뿐 아니라 최근 3년간 전국 17개 광역시도 교육청이 진행한 사립유치원 감사결과를 취합하고 분류하고 통계를 내기 시작했다. 자료를 모으고 감사 결과를 들여다보면서 문제가 얼마나 심각한지 우리도 놀랐다. 상임위원회가 변경된 이후 의기소침해 있었던 감정을 떨쳐버리고 이 문제에 매달렸다.

　각 광역시도 교육청이 진행한 감사결과 내용은 심각했다. 교육청의 감사 권한과 인력에 한계가 있고, 수박 겉핥기식 대충감사와 솜방망이 처분에도 불구하고 드러난 일부 사립유치원들의 비위 사실은 충격적이기까지 했다. 유치원이 학교가 아니라 그저 돈벌이 수단이라고 생각하는 일부 사립유치원 원장과 운영자들은 교비인 유치원 회계에서 부당한 사적 사용을 당연한 것으로 생각했다. 가족끼리 운영하면서 생기는 비리는 기본이었고 유치원 교비에서 선물 구입, 술값 계산, 성인용품 구매까지 했던 사실이 확인되었다. 그 규모도 드러난 것만 수백억 원 수준이었는데, 2013~2018년 8월까지 감사결과 2,325개 유치원에서 6,908건, 316억 618만 원의 회계 문제가 당국에 의해 적발되었다.

문제를 공론화하기 위해 마련한 국회 토론회에 한유총 소속 원장들 수백 명이 몰려와 난장판을 만들어 무력시위를 한 일이 오히려 국민 여론에 불을 지피는 신호탄이 되었다. 토론회 며칠 뒤 국민적 관심이 집중된 교육부 국정감사 자리에서 나는 준비한 전국 감사자료를 공개했다. 국민 여론은 완전히 들끓었다. 수천 건의 기사가 쏟아졌고 국민들의 유치원 개혁 요구는 해일처럼 밀려왔다. 이 일을 준비한 나도 이런 엄청난 반응이 쏟아질 것이라고 생각하지 못했다. 의원실로 격려 전화가 밀려왔고, 시민들의 1만 원, 2만 원 소액후원금이 쏟아졌다. 3억 원까지 모을 수 있는 정치후원금 통장이 시민들의 소액후원금으로 금방 가득 찼다. 전화위복이라고 해야 할까. 재벌개혁 전선에서 밀려나 의기소침해 있었는데 유치원 개혁으로 국민적 관심과 사랑을 더 받게 되었다.

나는 10월 23일 '유치원3법'을 발의했다. 2018년 10월 11일 국정

회계투명성 강화를 위한 유치원 에듀파인 도입 촉구 기자회견.

감사 첫날 비리 유치원 명단을 공개한 이후 불과 12일 만이었다. 보통의 경우에는 국정감사에서 문제를 지적하고 국정감사가 끝난 이후 제도를 개선하는 것이 일반적이다. 하지만 당시에는 상황이 급박하게 돌아갔기 때문에 제도적 개선을 명분으로 밀고 나가기 위해 유치원3법 입법을 서둘렀다.

유치원3법의 골자는 사립유치원 회계투명성 확보다. 나는 유치원 개혁을 준비하며 많은 전문가들로부터 사립유치원의 회계투명성 확보를 위한 방안에 대해 의견청취를 충분히 해 놓았기 때문에 어떤 내용을 유치원3법에 담아야 할지는 잘 숙지하고 있었다. 하지만 전문가들이 제시하는 것들은 이런저런 방향만 있을 뿐 실체가 없었기 때문에 이를 법제화 혹은 자구화하는 것은 나의 몫이었다. 나는 낮에는 국정감사를 하고, 밤에는 다음 날의 국정감사 준비와 유치원3법 성안을 병행하며 그 어느 때보다 바쁘게 보냈다. 국정감사 동안 계속해서 질의를 통해 사립유치원 비리 이슈를 이어가야 했지만, 또한 유치원 비리와 관련이 없는 교육부 소관, 유관기관이나 서울대학교 등 대학에 대한 국정감사도 준비해야 했기 때문이다.

11월 22일, 어느 정도 법안이 완성되었을 때 나는 먼저 교육부 관료들을 만났다. 유아교육법, 사립학교법, 학교급식법으로 구성된 유치원3법의 박용진 초안에 대해 관료들은 예상대로 강하게 반발했다. 이 법안이 통과될 경우 가져올 애로사항에 대해 입에 침이 마르도록 적극적으로 나를 설득하려고 했다. 실제 교육부는 유치원 에듀파인(국가관리회계시스템) 도입에 대해 국정감사 전부터 사실상 반대 입장을 보여온 터였다. 하지만 나는 관료들의 거센 반발에도 불구하고 내 초안을 강력히 밀고 나갔다. 결국 오랜 설득과 토론을 통해 교육부 관료들을 설득시킬 수 있었다.

유치원3법 중 '유아교육법'은 '유치원 설립, 경영자의 결격사유'를 신설하고 모든 유치원이 회계투명성 프로그램인 에듀파인 사용을 의무화하는 내용을 담고 있다. 당시 에듀파인은 모든 국공립 및 사립 초중고교와 국공립유치원이 사용하고 있었음에도 오직 사립유치원만 예외적으로 사용하지 않고 있었다. 그래서 사립유치원은 회계

관리를 수기로 하는 곳이 있을 정도로 사실상 회계가 제대로 관리되지 않는 것이 현실이었다. 사실 사립유치원만 예외로 둔 것 자체가 이상한 일이었다. 한유총의 입김, 정치적 영향력이 얼마나 큰지 짐작할 수 있는 부분이다. 나는 에듀파인이 사립유치원에도 도입되면 수입과 지출이 전산에 기록되기 때문에 회계투명성을 확보할 수 있을 것이라 생각했다. 유치원3법이 통과된 이후 2020년 3월부터 전체 유치원에 에듀파인이 도입되었고 시행되고 있다.

'사립학교법'은 '회계부정 시 처벌'이라는 내용을 담고 있다. 사립유치원의 교비 회계에 속하는 수입 또는 재산에 대해 목적 외 사용을 금지하고 이를 위반할 경우 2년 이하의 징역 또는 2천만 원 이하의 벌금에 처하도록 했다. 유치원의 재원은 정부보조금과 지원금, 학부모부담금으로 구성되어 있는데, 사립학교법을 통해 이 모든 재원이 투명하게 사용되도록 했다. 나중에 한유총과 당시 야당이었던 자유한국당(현 국민의힘)은 코너에 몰리자 이중회계를 두어서 지원금과 학부모부담금은 사실상 마음대로 사용할 수 있게 해달라는 말도 안 되는 주장까지 했다. 또 처벌을 1년 이하의 징역 또는 1천만 원 이하의 벌금으로 낮추려는 시도도 마지막까지 있었다. 나는 정부지원금이든 학부모부담금이든 모두 아이들을 위해 사용되는 것이 맞지 이 역시도 사립유치원 설립자나 원장 쌈짓돈으로 사용되어서는 안 된다고 강력히 주장했고 최종적으로 통과된 유치원3법에서는

'교비 목적 외 사용 금지'와 '2년 이하의 징역 또는 2천만 원 이하의 벌금' 부분을 지킬 수 있었다.

'학교급식법'은 '유치원을 학교급식 대상에 포함'시키는 내용을 담고 있다. 일정 규모 이상의 유치원에 대해서는 초중고교와 동일한 수준의 급식시설 및 설비 그리고 위생관리 기준을 적용받도록 했다. 안산의 한 유치원에서 원아들이 햄버거병에 걸리는 안타까운 일이 발생한 적이 있다. 유치원3법이 조금 더 빨리 통과되었더라면 하는 아쉬움을 남긴 사건이다.

이렇게 만들어진 유치원3법을 당에서는 당론법안으로 추인해서 밀고 나갔다. 그러나 금방 해결될 것 같았던 사립유치원 문제는 뜻밖으로 보수 야당의원들의 반대와 억지에 발목이 잡혔다. 2018년 정기국회 내내 야당의원들의 시간 끌기와 버티기에 국민들은 분노했다. 이를 해결하는 방법은 1년가량 시간이 걸리겠지만 패스트트랙으로 돌파하는 것밖에 없었다. 이게 그나마 유치원 개혁 법안을 통과시킬 수 있는 국회법상의 유일한 방법이었다. 패스트트랙에 올린 법안은 그 순간부터 관련 상임위원회에서 180일, 법사위원회에서 90일, 본회의에서 60일 동안 시간을 끌 수 있지만 그 기간이 지나면 자동으로 처리 과정을 밟게 되어 있다. 국회 본회의에서 60일이 지나면 본회의 표결을 할 것이고 그러면 자유한국당이 반대하더라도 통과될 수 있을 것이라 생각했다.

그런데 뜻밖의 상황이 발생했다. 유치원3법보다 늦게 패스트트랙에 올려진 공수처법과 선거법 등이 상임위원회와 법사위원회에서 민주당 주도로 빠르게 처리되면서 유치원3법과 동시에 본회의에 올라온 것이다. 유치원3법의 법안 처리에 반대하면서도 물리적으로 막는 일에는 망설였던 자유한국당이 공수처법과 선거법 처리를 막겠다는 명분으로 유치원3법마저 처리하지 못한다고 나섰다. 자유한국당은 공수처법, 선거법뿐 아니라 유치원3법을 포함한 200여 개의 모든 법안에 대한 처리 반대를 위해 무제한토론, 이른바 '필리버스터'를 신청했다.

눈앞이 캄캄했다. 330일만 버티면 될 것이라고 생각했는데 막상 마지막 단계에서 발목이 잡힌 것이다. 이대로 떠밀리다가는 시간 끌기에 막혀 아무것도 못하게 될 것이고 총선에 임박하면 유치원3법은 유실될 가능성이 높았다. 누구라도 유치원3법 처리에 앞장서야 한다면 그건 내 몫이었다. 개인적으로는 이미 1년 4개월의 과정에서 유치원3법으로 인지도도 높이고 박수도 받을 만큼 받아 국회의원이라면 누구나 부러워할 만큼 국민적 지지를 얻었다. 더 무리할 필요 없다는 조언도 들었다. 그러나 내가 생각하는 정치의 역할은 그런 것이 아니었다. 문제 제기와 관심을 얻는 것에 그쳐서는 안 된다고 생각했다. 성과를 만들고 결과를 얻어내야 했다. 이른바 '골'을 넣

자유한국당의 유치원3법 법안 처리 반대로 인해 고민이 깊을 때였다.

어야 축구 경기의 승패가 바뀌듯 성과를 만드는 정치가 국민의 삶을 바꾼다. '그만 좀 하라!'는 소리를 듣더라도, '너 혼자만 잘났냐!'는 소리를 듣더라도 내가 할 일은 해야 했다. 방송 인터뷰를 통해 "유치원3법 통과를 위해서라면 이기적인 정치인이라는 소리 듣는 일도 감수하겠다"고 공개적으로 밝혔다.

국민적 관심을 모으는 일이 필요했다. 유치원3법이 어느 단계에와 있는지, 누가 유치원3법의 처리를 막고 있는지 시각적으로 보여줄 필요가 있었다. 본회의장 앞에서 법안 처리를 막겠다며 자유한국당이 만든 농성장 앞에서 기자회견을 열었다. 관례적으로 남의 당 농성장이나 행사장 앞에서 기자회견을 여는 경우는 서로 피해줬지만 그날 나는 일부러 그 앞으로 기자회견 장소를 택했다. 당연히 자유한국당 국회의원들과 당원들이 반발했다. 유치원3법 처리에 반대하는 자신들을 규탄하는 내용의 기자회견을 진행하는데 그냥 구경만 할 리 없었다. 그 반응까지 예상하고 진행한 기자회견이었다. 다행히 언론의 관심을 받았고 국민들의 유치원3법에 대한 지지를 다시 모으는 계기로 만들 수 있었다. 그런 천신만고 끝에 2020년 1월 13일 유치원3법은 국회 본회의를 통과했다. 나와 동료 의원들은 본회의장에서 서로 축하하며 박수를 쳤고, 기념사진도 찍었다. 이 일을 함께해 온 유은혜 교육부 장관과 여당 교육위 간사인 조승래 의원과는 얼싸안고 서로 격려했다.

유치원3법은 내가 앞장선 법이지만 내가 민주당 소속이었기 때문에 가능한 일이었고, 문재인 정부였기 때문에 가능했던 일이라고 생각한다. 사립유치원 비리 문제를 척결하겠다는 정부의 의지와 이를 당론으로 밀어붙이려는 여당인 민주당의 전략적 판단이 아니었다면 최종적인 법 개정은 좌절되었을 것이다. 내가 만일 진보정당 소속의 의원이었다면 문제 제기 수준을 넘어서기 어려웠을 것이다. 국민 여론을 등에 업는다 해도 한유총의 끈질긴 압력과 로비를 지역구 의원들이 떨쳐내기 힘들었을 것이고 결국 국회 상임위와 법사위 문턱을 넘지 못했을 것이고 본회의에 갔더라도 가결을 장담하기 어려웠을

© 연합뉴스

것이다. 보수 야당인 자유한국당이 결사적으로 반대하는 일을 국회 본회의에서 1년 4개월이나 기다린 끝에 통과시키는 일은 불가능에 가깝다는 것을 국회의원 모두가 잘 알고 있다.

'삼성저격수'가 아니라 '기업지킴이'

언론에서 내 첫 국회의원 임기 4년을 평가할 때 '유치원3법'과 '재벌개혁'을 빼놓지 않는다. 나로서는 내 스스로 집중하던 사안에서 평가를 얻었으니 다행이고 고마운 일이다. 그러나 '삼성저격수'라는 표현이 꼬리표처럼 따라다닌다. 재벌개혁 문제에 집중하다 보면 아무래도 삼성 문제를 중점적으로 다룰 수밖에 없기 때문일 것이다. 그런데 나는 이 표현이 마음에 들지 않았다.

재벌개혁이나 공정경제 문제를 다루는 이유는 간단하다. 기업과 우리 경제의 활력을 위해서이다. 소수의 재벌총수 일가가 극히 적은 지분으로 핵심 기업 및 계열사를 두루 장악하면서 생기는 온갖 부작용만 걷어내도 우리 기업과 경제에 좋은 영향을 미칠 것으로 확신한다. 심지어 자기 지분은 하나도 없으면서 기업 활동의 중요한 인사 및 투자 결정에 영향을 미치는 총수나 그 일가들도 심심치 않게 본다. 그들은 그 결정에 대해 책임도 지지 않는다. 이런 문제들로 인해 기업도 손해, 투자자도 손해, 한국 경제도 손해인데 정작 군림은 하고 책임은 지지 않는 불투명한 기업지배구조를 지적하면 '저격수'니 '반기업주의자'니, '기업 옥죄기'니 하는 낡은 프레임을 씌운다. 기업과 보수언론, 그 영향하에 있는 경제연구단체나 경제학자들의 입김이 세서 그 프레임에 한번 걸리면 쉽게 빠져나올 수가 없다. 재벌들의 광고비 눈치를 봐야 하는 언론들의 침묵의 카르텔 역시 쉽게 깨기 어려워서 제대로 된 반박을 하기 어렵다.

그래서 나는 언제부터인가 언론에서 나를 소개할 때 '삼성저격수 박용진'이라고 하면 즉각 문제 제기하고 "무슨 소리! 나는 '삼성지킴이'다!"라고 수정해줬다. 언론에서 인터뷰 요청이 들어오면 아예

'삼성지킴이'라고 소개해 달라고 미리 말해두기도 했다. 나는 삼성전자를 비롯해 대기업이 망하면 한국 경제도 망한다고 이야기하고 다닌다. 그리고 이건 사실이다. 좋든 싫든 삼성전자를 비롯한 재벌 대기업들이 우리 경제에서 차지하는 비중이 워낙 막강하다 보니 이들이 어려움에 빠지면 한국 경제에도 문제가 생길 수밖에 없다. 이런 문제가 발생하지 않도록 점진적으로 위험요소를 제거하고 합리적으로 기업운영을 하도록 유도하는 것이 개혁이다. 해당 기업의 문제점, 한국 경제의 문제점을 지적하고 변화를 만들려고 하는 일들은 '경제민주화'니 '재벌개혁'이니 하는 거창한 표현이 아니더라도 기업 활력과 경제 성장을 위해서 꼭 필요한 일이다. 이런 일들을 하기 위해 노력하는데 삼성을 위하는 '삼성지킴이'가 아니고 뭐란 말이냐! 하는 게 내 주장이다.

처음엔 '삼성지킴이'라고 소개하고는 한 번쯤 웃던 방송 진행자들도 이제는 그 주장이 자연스러운 모양이다. 재벌총수 일가가 무소불위의 권한을 발휘하다가 기업이 망하거나 위기에 빠진 경우는 삼성, 현대뿐 아니라 한진그룹, 두산그룹, 금호아시아나그룹 등 그 예가 많다. 기업은 할아버지, 아버지를 잘 만나 기업을 물려받은 총수와 그 일가들만의 것이 아니라 투자자와 기업임직원, 소비자와 관련 하청 및 납품업체 등 많은 이해관계자들의 것이다. 규모가 큰 기업일수록 국민경제에 큰 영향을 미치고 있고 그 성장과 유지에 국가적 지원도 있었던 만큼 국민기업이라고도 불린다. 이런 기업의 이익과 성장을 위해 필요한 조치를 취하자는 주장을 '반기업주의'로 몰고 가는 것은 의사가 주사 놓고 수술하는 치료 행위가 아프다는 이유로 환자를 죽이려 한다고 주장하는 것이나 다름없다. 나는 이런 잘못된 프레임에서 벗어나고자 했다. 그래서 국회의원으로서 국회 안에서도 활동하고, 여러 방송과 신문에서 인터뷰를 하면서 내 생각을 알려 왔다. 또 국회 밖으로 나가 국민들을 직접 만나면서 강연 등의 활동도 활발하게 진행했다. 그중 하나가 〈국민 속으로! 재벌개혁과 경제민주화 강연 100보〉라는 제목의 강연으로, 전국을 돌면서 재벌개혁을 주제로 사람들을 만났다. 처음에 계획했던 100회를 훌쩍 넘겼다. 시간도 많이 들고 힘도 많이 들었지만 의미 있고 성과도 컸다. 무엇보다도 나 스스로가 이 과정에서 많은 성장을 했다. 국민들의 경제민주화 열망과 공정경제에 대한 의지도 확인할 수 있었다.

공정경제 없이 어떻게 공정한 대한민국이 가능한가? 나는 대한민국의 발전과 한국 경제의 성장을 위해 앞으로도 삼성지킴이, 기업지킴이로서의 활동을 더 크고 넓게 해 나갈 생각이다. 우리 사회에는 나와 같은 생각을 가진 많은 사람들이 있다. 국회에서도 국회 밖에서도 뜻을 같이하는 사람들과 힘을 모아 나갈 것이다.

2장

대한민국,
이대로
괜찮은가

1

분열된 항공모함,
위기의 대한민국

대한민국은 작은 나라가 아니다

———

대한민국은 결코 작은 나라가 아니다. 이미 경제적으로 세계 10위
권 안에 드는 경제대국이다. 2018년 기준 수출 규모 세계 6위의 수
출대국이며, 같은 해 수입 규모는 5,530억 달러가 넘는 세계 9위 수
준이다. 한국은행에 따르면 2019년 GDP는 세계 12위로 1조 6,463
억 달러이고, 1인당 GDP도 세계 27위인 3만 1,838달러이다.

대한민국은 문맹률 0%에 가까운 인구 5,180만 명의 인구 규모 세
계 28위 국가이고 국민소득 3만 달러를 넘어선 '30-50 클럽'에 미
국-독일-영국-일본-프랑스-이탈리아에 이어 일곱 번째로 가입한

나라이다. 모두가 아는 것처럼 식민지 시대를 겪은 나라들 중 제2차 세계대전 이후 30-50 클럽에 가입한 나라는 대한민국밖에 없다. 분단과 전쟁을 겪고 남북 간 군사적 대치 상황이 이어지고 있음에도 불구하고 이뤄낸 일이다. 기적 같은 일이라고 해도 과언이 아니다.

대한민국은 군사대국이다. 주변 국가들이 강력한 군사강국이기 때문에 그들에 비해서는 군사력이 약해 보이지만 대한민국이 군사대국이라는 점은 객관적인 수치상 분명한 사실이다. 국방비는, 지출 면에서는 2019년 예산에서 50조 6천억 원을 넘겼는데, 국내총생산 대비 2.6%를 차지하고 있고 세계 9위의 규모이다. 프랑스의 국방비 규모보다 크다. 만약 남북의 대치 상황이 해소된다면 대한민국의 경제·사회·문화 발전 가능성은 더 커진다.

대한민국이라는 배는 결코 작은 배가 아니다. 웬만한 풍랑과 악천후에 흔들림 없이 자기 항로를 개척해 나갈 수 있는 거대한 항공모함이다. 항공모함은 다른 군함과 달리 함장 혼자서 운영하지 못한다. 체계가 전혀 다르다. 수천 명이 근무하고 생활하는 항공모함에는 배를 운용하고, 작전을 지휘하고, 전투를 수행하는 결정 기능이 다 다르게 작동한다.

작은 배는 선장의 결정과 선택이 사실상 모든 것을 대신하지만 항공모함은 함대의 작전, 함선의 운영, 전투의 수행 등 각각의 지휘결정 체계가 다르게 작동하고 그 아래 수천 명의 군인 및 관계자들이 톱니바퀴처럼 맞물리며 자기 역할을 다해야 원활하게 움직일 수 있다.

대한민국도 마찬가지이다. 나라 전체를 책임지고 관장하는 대통령과 국정운영을 협의, 결정하는 국회의원을 국민들이 직접 선출하지만 수십만 명의 공무원들이 제각각의 기관에서 각자의 역할과 책임을 나누고 있고, 사회·문화·종교 등의 각 분야에 종사하는 국민들이 제각각의 자리에서 매순간 다양한 결정과 집행을 통해 대한민국의 매일매일을 구성하고 있다.

그럼에도 불구하고 이 거대한 항공모함을 유지하고 목표한 곳까지 이끌고 가기 위해서는 책임자가 중요한 결정과 집행을 이끌어야 한다. 수천 명 이상의 사람들이 이미 마련된 시스템 속에서 자기 역할을 분담하고 있는 경우, 지휘 책임자가 자기 책임을 손 놓고 있어도 배가 움직이고 조직이 운영되는 데 별 어려움을 느끼지 못하기도 한다. 그러나 그 상황은 오래가지 않는다. 결정을 미루고 고통스러운 선택을 내리려 하지 않는 책임자가 있다면 그것이 항공모함이든 국가이든 위기에 봉착할 수밖에 없다.

배에 물이 새는 걸 모르는 척한다면

거대한 항공모함은 배에 생긴 작은 균열과 침수 때문에 바로 침몰하지는 않는다. 그러나 그때그때 그 균열을 봉합하고 잔 고장을 수리하지 않는다면 결국 침몰의 운명을 피해갈 수 없다.

워낙 큰 규모의 항공모함인 대한민국의 상황은 위기를 알아도 쉽게 체감하지 못한다. 게다가 위기에 대한 경고가 있어도 10년 뒤, 20년 뒤에나 현실화될 위기들에 대해서는 무감하기 마련이다. 당장 전쟁이나 대규모 자연재해가 온 나라를 뒤덮는 일이 벌어지지 않는 한 대한민국이라는 나라는 오늘도 그럭저럭 굴러가는 것처럼 보일 것이다. 위기에 대한 구조적 불감증이다.

이 불감증에 한몫하는 것이 무책임한 정치인이다. 미래를 위해 오늘 당장 중요한 결정을 내려야 하는 정치인들은 무책임하게도 '다 잘될 것이다'라는 긍정적 신호를 보이는 것에만 익숙하다. 정당과 정치인들이 당장 선거에서의 유불리를 따지고 중장기적인 공동체 과제에 소홀하다 보니 위기를 부인하거나 불안을 증폭시키기만 할 뿐 문제 해결의 방도를 마련하기 위해 집중하여 열정을 쏟지 못한다. 정치인들의 이런 태도가 국민들이 위기 징후를 감지하지 못하게 하는 이유이다.

그러는 사이 각 분야에서 요구되는 사회개혁은 지체되었다. 몰상식한 진영논리로 무장한 극단적 세력들이 목소리를 높이고, 이익집단들 사이의 사회갈등 홍수 속에 대한민국은 허우적거리고 있다. 마치 서서히 가라앉고 있는 항공모함에서 '오늘은 괜찮겠지, 무슨 일이 있겠나' 하는 안일한 인식 속에 무책임한 선상 파티가 벌어지고 있는 형국이다. 배 아래쪽에서 위기의 징후가 드러나고 있고 경고의 목소리가 나오고 있지만 한국 사회의 책임자들은 만성화된 위기에 개혁이란 이름의 대처를 하지 못하고 있다. 빠르게 변하고 있는 국제관계와 산업환경 속에서 대한민국이 준비하고 대응해야 할 경제·국방·교육·문화·연금·에너지 등 중요한 국정 과제들은 서류로만 쌓여 있을 뿐이다. 위기를 외면하는 무책임한 정치가 위기의 증폭과 몰락의 시작이다.

주어진 시간이 얼마 남지 않았다

———

대한민국에는 지금 여러 개의 시한폭탄이 째깍거리고 있다. 먼저 인구 시한폭탄이다. 대한민국의 인구 감소 상황은 무섭기까지 하다. 다른 나라에서 유래를 찾아보기 힘든 수준으로 출생률이 곤두박질치고 있다. 통계청이 발표한 '2019년 출생·사망 통계'를 보면 한국의 합계출산율은 0.92명으로 1970년 이래 가장 낮은 수준으로 떨어졌다. 2020년은 출생자 수가 사망자 수보다 적어, 대한민국의 총인구수가 감소한 첫해가 되었다.

정부는 2060년 한국 인구수를 2020년 5,180만 명에서 796만 명이 줄어든 4,384만 명으로 전망한다. 생산가능인구는 2060년 2,058만 명으로 현재보다 1,678만 명이나 줄어든다고 한다. 국가 재난상황에 직면한 것이다. 정부가 2011년 이후 이 문제에 대처해왔지만 209조 원이나 쏟아부었음에도 불구하고 전혀 효과를 발휘하지 못하고 있다.

인구문제는 그 해법이 단순하지 않다. 주택·의료·교육 등의 복지문제, 직장에서의 여성 권리 신장의 문제 등 각종 젠더 이슈를 둘러싼 사회적 인식의 문제, 아이를 안심하고 키울 수 있는 사회적 환경의 문제 등 굵직굵직한 과제와 연결되어 있다. 뿐만 아니라 기후환경의 문제, 지방분권의 문제 등에서 다양한 변화가 있어야 한다고 많은 전문가들이 진단하고 있다.

문제는 심각하고 해법은 복잡하다. 단시간 내에 될 수도 없다. 대한민국 사회구성원 전체가 이 문제의 해법을 위해 양보하고 타협하고 실행해야 한다. 해결하지 못하면 대한민국은 지금 누리고 있는 경제강국·군사대국·인구대국 등 규모의 국력을 포기할 수밖에 없고 그것은 또 다른 난관을 초래하게 될 것이다. 인구 감소로 인해 각종 사회·경제적 변화가 밀어닥치기 시작했고 우리 사회는 여전히 이 문제에 해답을 찾지 못하고 있다.

외교·안보 차원에서 바라보면, 미중 갈등 구조에서 대한민국이 어떤 선택을 해야 하는가도 시한폭탄의 하나이다. 전통적인 한미동맹을 강조하자니 중국의 성장세가 무섭고, 정치·경제적 피해도 심각할 것이다. 떠오르는 강자인 중국과의 새로운 동맹관계를 형성하자니 당장 북한과의 관계가 복잡해진다. 미국과의 관계 갈등도 뻔한 일이지만 미국이 한국의 역할을 믿지 못하면 동북아시아에서 일본의 재무장을 견제하지 못할 가능성이 농후하다. 어떤 선택을 하더라도 우리 국민의 운명에 막대한 영향을 미칠 것인데 우리 사회 내부에서 이를 두고 진지하고 장기적인 토론을 해보지 못했다. 이 역시 이미 오래전에 제기된 문제인데, 그 대응방법이 정권에 따라 달라지면서 단기 대처로만 매몰되었다. 우리가 방향을 잡고 일관되게 나아가지 못함으로써 미국이나 중국이 우리를 독립변수로 취급하기보다는 자신들이 강력하게 움직이면 그에 따라 태도가 달라지는 종속적 변수로 여기고 있다. 우리의 상황과 대응에 따라 자칫 심각한 안보위기를 맞이할 수 있다.

기후 변화와 에너지 문제도 우리가 안고 있는 쉽지 않은 문제이다. 지구 온난화로 인한 자연재해 및 지구 생태 파괴를 막기 위해 지금 당장 행동에 나서자는 주장에 공감하지 않는 사람은 없다. 그러나 이를 둘러싸고 해법에 이견 차이가 있고 그로 인한 갈등이 작지 않다. 우선 기후 재앙에 대한 경고가 거짓뉴스라는 식의 주장은 제외하더라도 지금의 석탄·석유 의존적 산업구조를 변경하는 데 의견 충돌이 있다. 지구 온난화를 막기 위해 탈원전 정책을 유지할 것인지 말 것인지도 갈등 사안이다.

모두가 탈원전 정책을 통해 안전한 에너지로의 전환 정책이 성공하기를 바란다. 아이들의 미래를 위해, 미세먼지 없는 깨끗한 공기를 위해, 석탄발전소 폐쇄 등 탈화석연료 중심의 에너지 정책 추진에도 많은 국민들이 동의하고 있다. 그러나 기존의 값싼 전기료 정책의 핵심인 원전과 석탄화력발전의 운영에서 벗어나고, 태양열 등 재생가능에너지 체제를 구축해 가려면 전기료의 인상은 불가피하다. 이 역시 책임 있게 문제를 거론하고 해답을 내놓지 못하고 있다. 아름다운 연꽃이 진흙밭에서 피어오르듯이 좋은 정책은 거저 얻어지지 않는다. 반대의 거친 주장과 박수 대신 비난을 각오한 현실적 선택과 노력만이 다른 결과를 만들어 낼 수 있다.

우리 사회의 미래를 위해 탈원전 정책을 계속 유지할 것인가? 석탄화력발전은 국내에서도 해외에서도 투자 기피 산업으로 정하고 발전소 신축 및 기존 발전소 폐쇄로 갈 것인가? 자동차 및 생활 에너지에서도 신재생에너지 활용도를 높이려면 많은 투자와 연구가 필요한데 그 재원은 어떻게 마련할 것인가? 지금 에너지 이용료를 올려야 하지 않을까? 에너지 이용료를 올리자고 하면 정치적 자살

골을 넣는 것은 아닐까? 참 많은 질문이 쇄도한다.

국민연금 문제도 시간이 많지 않은 시한폭탄이다. 계속되고 있는 전문가들의 경고와 문제 제기가 있지만 연금개혁을 놓고 사회적 대화나 해법 마련을 위한 노력은 사실상 없었다. '국민연금 개혁'이라는 말이 나오기 시작한 지 15년이 넘었다. 국민연금은 2008년 이후 보험료율 9%, 소득대체율 50%에서 2028년까지 매년 0.5%p씩 하향하여 40%까지 맞추는 것으로 정리되어 있다. 그 뒤 여러 논란을 겪으면서도 더이상 손을 대고 있지 않다. 2020년에 국회예산정책처는 2054년을 연금 고갈 시점으로 예측했다. 정부가 추계한 것보다 3년이나 빠르다. 정부는 그 예측을 반박했지만 이러나저러나 3년 차이일 뿐이다. 그 뒤 기획재정부는 2020년 9월 2일 발표한 〈2020~2060년 장기재정전망〉에서 국민연금이 2041년부터 적자, 2056년에는 고갈될 것으로 전망했고 더불어 사학연금도 2029년 적자, 2049년 고갈 전망 예측을 내놓았다.

지금 상황을 방치한다면 연금 고갈은 우울하지만 분명한 미래이다. 게다가 인구가 빠른 속도로 감소하고 있고, 저성장 기조가 계속된다면 이 예측은 더 확실해질 것이다. 누가 더 낮은 마이너스 성장을 보이느냐로 국가 간 성장률을 비교하고 있는 코로나 시대에 경제의 플러스 성장은 꿈도 꾸지 못하는 지경이다. 연금 고갈의 시점은 더 당겨질 수밖에 없다.

그러나 국민연금 개혁 이슈는 정치인들에게 비겁할 것을 요구한다. 구조상 국민연금 개혁의 방향은 지금의 2,200만 연금 가입자들의 이해가 걸린 일이고, 500만이 넘는 수급자들에게 손해를 각오하시라고 이야기해야 하는 고약한 내용이 될 수밖에 없다. 이대로 가다가는 국민연금 고갈은 불 보듯 뻔한 일임에도 불구하고 그동안 어느 대통령도 고양이 목에 방울을 달려고 하지 않았다. 인기 없는 일, 다음 선거에 악영향을 미칠 일이기 때문이다.

이미 대만과 브라질, 프랑스 등 많은 나라에서 연금 개혁안을 추진하다가 정권이 휘청이는 상황을 맞이했다. 정치인들에게는 그런 끔찍한 일을 겪느니 자연스럽게 그 고통스러운 결정을 다음으로 넘기는 것이 오히려 합리적이다. 정권 유지 차원에서만 보자면 그러하다. 그렇기 때문에 그동안 어느 정권도 이 문제를 정면으로 다루지 않았다. 문재인 정부에서도 이른바 사지선다형으로 안을 내놓은 뒤 아무런 이야기를 하지 않고 있다. 게다가 그 네 가지 안은 '더 내고, 덜 받는다'는 연금 고갈 대비책의 방향과는 다른 어쨌든 더 받는 방식으로 짜여 있다. 전문가들 사이에서 비겁한 태도라는 비판이 비등했다. 이제 더이상 숙제를 뒤로 미뤄서는 안 된다. 사회적 논란과 정치적 손해를 감수하고라도 이 문제를 다루지 않으면 언젠가 폭발할 수밖에 없다.

증세 문제도 빼놓을 수 없다. 우리 사회가 교육과 노후, 의료 분야 등에서 복지 체제를 더 강화해야 한다고 말하면 모두가 동의한다. 선거 때마다 우리 당이, 우리 후보가 더 적극적인 복지제도를 책임질 수 있다고 경쟁적으로 말한다. 그러나 그 약속을 뒷받침할 재원 문제에 대해서는 흐지부지이다.

세출 절약과 핀셋 증세를 이야기하고 경제 성장을 통한 세입 증대 기대 등을 이야기하지만 그 정도로는 우리 국민들이 기대하고 정치권이 약속한 복지 증대 재원을 마련할 수 없다. 노인 인구가 증가하는 상황에서 이를 대비할 증세 문제는 피할 수 없다. 또, 출생률 반등의 계기를 마련하기 위한 출산·보육 분야에서의 새로운 복지제도와 그를 위한 재원 창출도 시급하다.

증세는 복지를 위한 것만이 아니다. 코로나 사태 이후 정부의 재정 건전성은 점점 더 나빠지고 있다. 긴급재난지원금을 비롯해 긴급하게 투입해야 할 재정의 역할이 요구됨에 따라 매우 큰 규모의 추경을 진행했다. 대한민국뿐 아니라 미국과 유럽 등 다른 나라에서도 거의 예외 없이 재정을 통한 코로나 경제 위기 대응을 하고 있다. 대한민국의 국가부채 규모는 OECD 회원국들과 비교해볼 때 아직까지는 작은 규모이지만 국가부채 증가 폭은 점점 가팔라지고 있다. 기획재정부는 〈2020~2060년 장기재정전망〉에서 현재 추세가 계속된다면 GDP 대비 국가부채 비율이 2020년 43.5%에서 2045년 99%

에 달할 것이라고 전망했다.

재정 건전성 문제를 들여다보더라도 장기적인 증세 추진은 불가피할 것으로 보인다. 그러나 정치권은 자꾸 이 문제를 회피한다. 건드려 봐야 지루한 논쟁과 정치적 불이익을 감수해야 하는 것이 분명하기 때문이다. 그러나 이 문제를 언제까지 외면하고 갈 수는 없다. 정직하고 솔직하게 계획을 이야기해야 하고 국민적 합의를 이끌어내야 한다. 정치적 책임이란 박수받을 일만 이야기하는 것이 아니라 비난받을 일도 말하는 용기를 의미한다.

이런 문제들이 드러나 있는 마당에 이를 책임질 사람과 세력은 어디에 있는가? 대한민국 정치권은 문제 해결을 위한 솔직한 논의를 하기보다는 무책임한 선동과 남 탓으로 시간을 낭비하고 있지는 않은가? 제도적 한계를 탓하면서 무책임한 폭탄 돌리기만 하고 있는 것은 아닌가?

정치인들은 다음 선거를 말하는 것에 익숙하지만 다음 세대를 염려하지 않는다. 30년 뒤는커녕 10년 뒤의 문제조차 제대로 다루지 않는다. 이제는 좀 달라져야 할 때가 되었는데, 시간만 낭비하고 있다. 더이상 이렇게 가서는 안 된다.

현실에 맞지 않는 대통령 5년 단임제, 개헌해야 할 때

———

우리가 채택하고 있는 대통령 5년 단임제는 과연 우리에게 적합한 제도인가? 지금 째깍거리는 오래된 우리 시대 시한폭탄들과 숙제들을 해결하는 데 5년짜리 단임 대통령에게 전권을 부여하고 있는 이 권력 시스템은 적절한 것일까?

나는 아니라고 단언한다. 30년이 넘은, 1987년 개정 헌법이 가진 한계가 분명히 있기 때문이다. 현재 대한민국의 대통령은 5년 단임제의 함정에 꼼짝없이 갇혀 있다. 보수든 진보든 이 함정에 빠져 제대로 된 대한민국 국정 책임자로서의 역할을 하지 못한다. 5년 단임제 도입의 이유 중 하나가 다음 선거에 신경 쓰지 말고 소신껏 일하라는 것이지만 결과는 정반대이다. 소신껏 일할 수 있다고 생각한 5년 단임제 대통령과 집권세력은 집권 중반기를 넘어서면 별 사고 없이 임기만 잘 마무리하면 된다고 생각하고 집권 말기로 갈수록 정권 재창출에만 관심을 가진다. 국정운영 자격을 상실한 야당은 죽기 살기로 대통령과 정부를 공격하기만 한다. 소신 있게 정책을 추진하기는커녕 반드시 관철시켜야 하는 정책도 인기가 없으면 이런저런 핑계를 대고 뒤로 미룬다. 매주 발표되는 지지율에 얽매인 집권여당과 청와대 근무자들, 다음 선거를 준비해야 하는 국회의원들의 아우성 때문이다. 5년의 시간 중 후반기 1~2년은 국가적 과제보다는 집권 연장에 더 신경 쓸 수밖에 없다. 대통령 본인이 그렇게 하지 않으려 해도 이미 차기 주자들은 발 빠르게 움직이기 시작하고 레임덕은 너무 일찍 찾아온다. 힘이 쏠리지 않으니 중요한 결정은 차기 정권으로 미뤄질 수밖에 없다. 우리는 그렇게 지난 30년 동안 5년 단임제의 늪에 빠져 중요한 국가적 의제를 결정하거나 추진하지 못한 채지금까지 왔다.

이제 대한민국은 한 사람이 아무리 많은 보좌진의 도움을 받더라도 혼자 결단하고 끌고 나갈 규모의 나라가 아니다. 더이상 '영도력'이라고 표현되는 슈퍼파워의 고독한 결단이 나라를 책임질 수 없다. 나라의 규모도 그렇지만, 국민들의 민도도 다르다. 설득되고 합의되지 못하면 잠시도 나라의 안정을 도모할 수 없다. 모두에게 정보가 열려 있고, 국민 모두가 치열한 의견을 제시할 수 있는 구조에서 5년짜리 대통령은 혼자 아무것도 할 수 없다.

야당의 반대, 여론의 반대를 돌파하는 것은 국회에서의 수적 우위가 아니라 이견의 정리와 합의여야 한다. 100% 한쪽의 의견만 관철되기는 어렵다. 구조적으로 양보하고 합의를 이룰 수 있는 제도적 보완이 있어야 하고, 합의주의 정치 문화가 자리 잡을 수 있어야한다. 국회와의 합의와 야당과의 협의가 없으면 정부 운영이 어려운 정치구조가 사회적 갈등을 정리해낼 수 있는 압박장치가 될 것이다. 정치적 합의를 강제하는 제도적 변화와 함께 힘으로만 밀어붙이지 않는 집권여당의 절제와 관용, 무작정 반대하는 야당은 발붙일 수 없는 정치적 문화가 자리 잡는 것도 중요한 일이다.

이를 위해서 개헌은 반드시 필요하다. 개헌의 방향은 권력의 분점이다. 대통령의 권한을 국회와도 나눠야 하고, 총리와 내각과도 나눠야 한다. 중앙정부의 권한은 과감하게 지방정부로 이양해야 한다. 대통령에게 모든 권한이 집중되어야 개혁 조치를 잘할 수 있다는 생각은 상상에 불과하다. 우리는 지난 30년 동안 제왕적 대통령 제도의 대통령이 정치적 합의와 사회적 동의를 얻지 못하면 제왕은커녕 봉건영주만큼의 권한 행사도 하지 못하는 모습을 누누이 보아왔다. 심지어 헌법과 법률이 보장하는 권한을 행사하는 것조차 '독재'라는 표현까지 동원한 비난에 직면하는 것이 현실이다. 그런 비판과 비난에도 불구하고 자기 고집만 부둥켜안고 있다가 집권 말기에 뇌사 상태에 빠지는 정권의 모습도 보았다. 이제 그만해야 한다. 대한민국 정치가 효율적으로 작동하기 위한 출발점은 대통령을 '선출된 왕'의 지위가 아닌 '책임과 권한이 가장 많은 선출직 공무원'의 자리로 옮겨놓는 일에서 시작해야 한다.

개헌의 방향은 다양하게 논의되고 있다. 그러나 여든 야든 보수든 진보든 지금의 5년 단임제 방식이 더이상 우리 현실에 적합하지 않다는 사실은 모두가 인정한다. 개헌 내용에 대한 논의도 오래되어서 다양한 내용이 제출되고 있는 만큼 우리의 헌법 체계가 이미 담고 있는 내각제적 성격이 발현되는 '권력분점형 대통령 중심제'의 구체적인 합의안을 만들어야 한다. 그 논의도 데드라인을 정하고 국회에서 책임 있게 전개하고 차기 대통령 선거를 통해 국민적 합의를 얻어야 한다.

2
위대한 국민,
초라한 정치

분열과 진영논리

———

정치는 국민의 응원단장이어야 한다. 그냥 관중석에 앉아서 플레이를 구경만 하는 1천 명과 응원단장의 지휘하에 일사불란하게 응원하는 1천 명의 에너지는 다르다. 경기 결과도 바꾸는 힘이 있다. 정치와 지도자의 역할이 바로 그런 것이다.

아프리카 누우 떼의 우두머리는 악어 떼가 우글거리는 거센 강물 속으로 먼저 뛰어든다. 희생을 각오한 일이다. 성공하면 가장 가까운 도강 지점을 찾아내 전체 동료들을 살린다. 정치지도자의 역할은 이렇게 희생을 각오하면서 동료들과 시대를 선도하는 것이다.

그러나 지금 대한민국 정치는 진영논리와 내로남불의 무한 대립과 무책임한 선동이 장악한 것처럼 보인다. 앞서 이야기한 숱한 사회개혁 과제와 국가전략 과제가 정치의 결단과 희생을 요구하고 있는데 자기 역할을 제대로 하지 못하고 있다. 적이 성문 밖에 밀어닥쳤는데, 성 안에서 진영이 갈려 싸움만 벌이고 있는 모양새이니 나라 걱정을 하는 목소리가 높을 수밖에 없다.

정치의 본질은 타협이다. 그리고 이견의 조율이다. 타협과 조율을 통해 대립을 조정하고 결과를 만들어 낸다. 그 결과로 세상을 변화시키는 것이다. 인간이 혼자, 혹은 가족 단위의 삶을 포기하고 대규모 공동체를 구성하여 자연에 맞선 이래 수만 년 동안 인간집단 내부의 갈등은 다양한 방식으로 진행되어 왔다. 사냥에 성공한 뒤 고기를 나누는 과정이나, 외부 집단과의 전투를 결정하는 과정에서도 끊임없이 갈등과 조정, 결정이 이뤄졌을 것이다. 그러면서 혼자보다는 집단이, 단순 집단보다는 더 큰 부족국가 단위가 생존과 번식에 더 유리하다는 것을 깨달았을 것이다. 그 집단을 유지하는 힘이 바로 정치이다. 다른 생각들을 조정하고 집단과 모두에게 최적의 결과를 찾아내는 것. 그래서 정치는 통합이다.

정치의 또 다른 면도 있다. 바로 분열이다. 의견을 조율하기 위해서 의견을 분명히 정리하고 주장하는 과정은 다른 의견을 가진 사람이나 집단과 분열하는 과정이기 때문이다. 통합과 분열의 정치라는 동전의 양면인 셈이다.

정치가의 역할은 분열을 통한 갈등의 국면을 최대한 짧게 하고 그 과정에서의 대립과 증오를 최소화하는 데 있다. 그래야 공동체의 통합이 이뤄지고 최대 다수의 최대 만족이 달성될 수 있다. 공동체를 유지하기 위해 세금 내고 병역과 노동의 의무를 다하고 법을 지키고 살아가는데 그 결과가 오히려 자신에게 피해를 주고 불이익을 안겨 주는 것이라면 아무도 그 공동체를 위해 복무하지 않는다. 그런 결과가 누적되면 공동체는 깨지는 것이다. 불이익은 분명하고 이익은 불분명한 불공정한 공동체에서 구성원들은 더이상 아이를 낳지 않고, 애써 노동해 세금을 내지 않으며, 나만 희생하는 병역 의무를 거부하고 결국 다른 나라로 떠나게 될 것이다. 불이익과 불공정은 공동체 최대의 적이다. 불공정필망국(不公正必亡國)이다.

그런데 곳곳에서 분열을 부추기고 대립을 통해 전체 공동체가 아닌 개인의 이익이나 자기가 이끄는 집단의 주장을 관철시키려는 정치가 공동체를 망치고 있다. 진영논리로 무장하고 대립의 정치를 선동하는 정치인들이 대한민국을 수렁으로 끌고 가고 있다.

그래서 우리가 분명히 알아야 할 것은 민주사회에서 개혁은 선동이 아니라 설득으로 이루어진다는 점과 개혁은 논쟁과 타협의 결과로 만들어진다는 점이다.

정치에는 묘한 힘이 있다. 국민의 힘을 결집시킬 수도 있고 둘로 쪼개 놓을 수도 있다. 앞서 말한 경기장의 응원단장처럼 힘을 모아낼 수도 있고, 잘못된 결정으로 국가를 패망으로 이끄는 경우도 많다.

인류의 역사는 지도자가 어떻게 국민들의 힘을 결집시키느냐에 따라 전혀 다른 결과를 만들었던 사례를 숱하게 보여준다. 국가 패망의 위기에서 군사들과 백성의 힘을 모아내는 데 성공한 이순신과 전쟁에서 이길 수 있다는 희망을 심어준 영국의 처칠이 그랬다. 불가능해 보였던 독립이나 경제 발전을 이뤄내는 큰 성과에는 정치지도자와 국민들의 열정이 있었다.

단타매매 정치

대한민국 각 정당의 아침은 분주하다. 최고위원회와 원내대표단 회의가 아침 일찍부터 열리기 때문이다. 이 회의를 준비하기 위한 실무진은 새벽부터 나와야 하고, 회의 주요 참석자들 역시 공개회의 한 시간 전부터 모여 비공개로 다뤄야 할 내용들을 논의한다. 주로 오전 9시 이후 진행되는 공개회의가 국민들이 언론을 통해서 접하는 정당 지도부의 회의 장면이다. 이 회의에 많은 언론인들이 참여해 뉴스를 전달한다. 당 지도부들이 참석하고 준비된 메시지를 전달하는 자리이기 때문에 주목도와 전파력이 높아 정치인이라면 이런 기회를 어떻게 차지할 수 있을지와 함께 이 자리를 어떻게 활용할 것인지 깊이 고민하기 마련이다.

그러나 대한민국 각 정당의 아침 공개회의는 오늘의 과제 해결과 미래에 대한 준비를 촉구하는 목소리가 사라진 지 오래다. 상대 정당에 대한 비난과 정치인에 대한 조롱이 공개회의 시간의 대부분을 차지한다. 상대의 주장을 비판하고 대안을 제시하는 과정이야 정치의 기본이라 할 수 있지만 각 대변인들이 그 역할을 이미 하고 있고, 각 상임위원회 활동을 통해 상호 비판과 토론이 진행되고 있는데 굳이 주목도가 높은 아까운 기회에 상대 진영에 대한 혐오와 조롱, 막말에 가까운 비하가 넘쳐나는 것은 아무래도 지나치다.

변화된 언론 환경도 이런 경향을 부추긴다. 국회에는 지상파 및 종편 방송사와 주요 전국지 신문사들은 물론이고 그 외 다양한 매체들의 1천여 명이 넘는 기자들이 등록되어 취재 경쟁을 벌인다. 그들은 간혹 정책적 제안이나 미래를 위한 고민을 전달하기보다는 자극적인 언행과 싸움을 부추길 만한 소재에 더 관심을 갖고 보도를 한다. 수많은 언론사가 인터넷을 통한 속보 경쟁과 조회수 경쟁에 돌입한 지 오래되었기 때문에 자극적인 제목과 상대의 반응을 즉각 이끌어 낼 수 있는 소재가 언론의 주목을 받기 때문이다. 정치인들은 이 변화를 누구보다 잘 느끼고 있다. 자신의 말이 어떻게 전달되고 어떤 반응을 가져올지 이미 예측하고 움직인다. 자극적인 뉴스를 찾는 언론에 자극적인 소재를 제공하는 정치인이 상호의존적으로 정치 혐오를 양산하는 모양새이다. 그러다 보니 각 정당의 지도부 회의는 국민들의 정치 혐오와 짜증을 증폭시키는 역할만 할 뿐이다. 당장 시급한 과제를 해결할 대안을 제시하거나 미래를 준비할 계획을 이야기하지 않고 오늘 하루 뉴스거리로 소비될 혐오와 조롱, 자극의 잔치만 벌어진다. 장기투자를 통해 사업을 키우고 부를 늘려가려는 것이 아니라 단타매매에만 집중하다 본전까지 까먹는 손해 막심의 정치 구조가 굳어져 버렸다.

국회가 각 진영의 주장을 선명하게 드러내서 합의와 결과를 도출해내는 역할이 아니라 각자의 주장만 앞세우고 대립만 지속하다 보니 생겨나는 정치의 부실함은 법안의 처리 결과에서도 잘 드러난다. 대부분 언론은 국회에서 몇 건의 법안 처리를 했는지를 가지고 국회가 일을 잘했는지 놀았는지를 측정하고 보도해왔다. 그러나 법안의 개수가 중요한 것이 아니라 그 내용이 중요하다. 국회 본회의에서 통과되는 법안 중에는 한두 글자의 자구만 수정하거나 삭제하는 법안이 많았다. 이미 다른 법률에서 표현을 바꿨는데 미처 연관된 법률들에서 표현을 변경하지 못한 법들을 찾아내 수정한 법 개정안이 적지 않은 것이다. 200여 개 법안을 의결하는데 그중 40~50여 개의 법률 개정안이 그런 식의 법률 자구 수정 및 낡은 한자어와 일본식 표현을 변경한 내용에 그친 경우였다. 그 자구를 일일이 다 수정안을 내서 통과시킴으로써 그 법 개정을 대표 발의한 의원은 실적을 쌓을 수 있겠지만 정말 비효율적인 일이다. 치열한 논쟁과 검토 끝에 법의 중요한 부분을 변경시키고 국민의 삶을 변화시키는 법안은 몇 개 없고 이렇게 자구 수정과 오래된 표현을 삭제하는 먼지털이 수준의 법 개정이 많은 국회는 그야말로 부실한 국회이다.

이런 부실 정치, 부실 국회의 이유는 서로의 주장을 수렴하거나 조율하고 조정하려는 태도 없이 대립과 정쟁으로 시간을 허비하는 오늘날 대한민국 정치의 부족함 때문이다.

부실한 정당정치, 허망한 정치적 신뢰

이런 일들이 반복되다 보니, 국회와 정치인들에 대한 국민들의 신뢰는 바닥 수준이다. KDI(한국개발연구원)와 OECD가 2016년도 기준으로 발표한 〈공공기관별 국민 신뢰수준〉에서도 국회와 국회의원은 신뢰도 꼴찌를 기록했다. 2019년 리얼미터 조사에서도 국가기관 중 국회의 신뢰도는 2.4%로 경찰, 검찰과 함께 가장 낮은 수치를 보였다. 사회 갈등의 조정자 역할을 해야 하는 국회와 정치인들이 오히려 국민 불신과 분열의 원흉으로 지목받고 있다.

정치가 국민적 신뢰를 얻지 못하는 것은 정당이 제 역할을 못하고 있기 때문이다. 정치인을 키우고 정치적 경험을 갖도록 하는 집단이 정당인데, 인재를 키우지도 못하고 정책의 안정성을 이루지도 못한 채 선거에서 이기기 위한 득표 머신의 기능만 키우고 있다. 정당 스스로도 정책 지속성과 내적 통합력이 너무 낮다.

독일의 사상가 막스 베버는 정치인이 갖춰야 할 덕목으로 '책임감, 열정, 균형 감각' 세 가지를 꼽았고, 프랑수아 미테랑 대통령의 책사였던 자크 아탈리는 '경영 능력, 비전, 카리스마'를 뽑았다. 조금씩 다른 것 같지만 비슷한 자질과 덕목을 이야기한 것이다. 그런데 이런 자질은 그냥 이뤄지는 것이 아니다. 정치야말로 타고난 재능으로 승부하는 분야가 아니라 다양한 경험과 지혜가 모여 정치인의 자질을 구성하고, 개인의 후천적 노력이 많은 것을 결정하는 영역이다. 그런데 이런 후천적 자질과 능력을 기르는 과정이 우리 정당들에서는 거의 없다시피 하다.

우리 정당들이 대권주자에 따라, 당 지도부의 성향에 따라, 당의 지지율에 따라 하루아침에 당명을 바꾸는 일은 이제 너무 흔해서 뉴스거리도 아니다. 당의 노선도 쉽게 변경한다. 그러니 정책적 일관성을 유지하는 일은 그다지 중요한 일로 취급되지 않는다. 지난 선거에서 내걸었던 공약은 선거 캠페인이 끝나는 순간 휴짓조각으로 전락하고, 당의 강령은 그저 흰 종이 위에 검은 글씨로 인쇄해 놓은 신세일 뿐 아무도 들여다보지 않는다.

2년 남짓의 임기를 제대로 채우는 당 지도부도 아주 드물다. 젊은 사람에게 기회를 주고, 정치적 근육을 키울 수 있는 훈련을 시키기보다는 선거 국면에 맞춰 '외부 영입'이라는 이벤트를 통해 깜짝 인사를 정치 전면에 내세운다. 정당이 정치적 신뢰가 부족하다 보니 선거 때마다 유권자의 이목을 끌 만한 유명인사에게 공천을 주고 선거에 활용하려는 것이다. 그러나 그렇게 영입된 인사가 제대로 된 정치인으로 역할을 하기란 쉽지 않다. 오히려 당내에서 성장하려는 젊은 인재들의 의지를 꺾고, 정당과 정치의 신뢰를 더 떨어뜨리는 결과로 이어지기도 한다. 악순환의 반복이다.

이렇다 보니 정당을 통한 정책의 연속성이 전혀 이뤄지지 못하고 있다. 정당의 가장 중요한 기능인 정책 개발과 현실 적용 가능하도록 법과 제도를 개선하는 일에서 별다른 능력을 보이지 못한다.

방송국 편성표는 쉽게 바뀌지 않는다. 불가피한 사정이 있을 때는 다른 프로그램으로 대체하기도 하지만 시청자들에게 편성표는 방송국의 신뢰를 의미하는 것이다. 예정된 시간에 예정된 방송 채널을 틀면 예정된 콘텐츠를 볼 수 있다는 것은 아직까지 우리 사회에서 양보할 수 없는 사회적 약속이다.

'프로그램(program)'이라는 영어 단어에는 정당의 '강령'이라는 의미가 포함되어 있다. 정당이 강령과 공약을 통해 국민들에게 약속한 내용은 앞으로 우리 사회를 이렇게 바꿔나갈 것이다, 라는 매우 무거운 약속인 셈이다. 방송국의 편성표보다 더 무겁고 진지해야 할 것이 정당의 대국민 실천 약속, 즉 강령과 공약인데 정당의 입장이 정당의 처지와 상황에 따라 하루아침에 뒤집히는 일은 심각한 문제이다. 유권자가 정당의 강령과 선거 공약을 보고 세상의 변화를 예측하고 표를 던지는데 정당이 그 예측을 제대로 담아내지 못하면 신뢰가 쌓일 수 없다. 정치에 대한 국민들의 불신에는 이유가 있는 것이다.

각 정당의 전당대회는 스스로의 성격과 노선을 재구성하고 합의해 나가는 당의 정체성 확립의 장이어야 한다. 따라서 이견의 제출과 치열한 토론이 있어야 하지만 우리 정치의 현실은 전혀 그렇지 못하다. 그 당의 정책과 비전을 토론하고 합의하는 계기가 아니라 당대표를 선출하는 기능적 정치 이벤트로 전락했다.

정당 지도부의 임기는 겨우 2년. 그 지도부가 약속한 내용이 2년

안에 이뤄질 가능성은 전혀 없음에도 2년 이상 당 지도부를 하려고 하는 사람도 없고 정책적 연속성을 위해 새로운 임기에 도전하겠다고 하는 사람이 나오면 이를 용납하지도 않는 분위기이다.

내각제 국가의 경우가 대부분이지만 정당 지도부가 10년 이상 당을 이끌고, 당의 강령이 30년 정도의 미래 예측을 담아 당원과 국민들에게 제시되고, 선거에 제출된 공약을 중심으로 정부를 꾸려 정해진 임기 안에 이를 실천해 나가는 해외 정치선진국들의 모습을 우리 정치권에서는 찾아보기 어렵다.

인재도 키우지 않고, 정책적 비전을 제시해 우리 사회가 나아가야 할 방향을 제시하는 기능도 상실한 정당이 국민의 신뢰를 얻을 수 있을까. 대한민국 정치의 부실함의 가장 큰 책임은 자기 역할을 못 하고 있는 정당에게 있다.

3
미뤄진 개혁의 숙제,
망가지는 미래

정치지도자의 책임

———

　정치인은 공동체의 과제 앞에 솔직해야 한다. 특정 시기에 그 세대가 짊어져야 할 짐이 있으면 솔직히 설명을 해야 하고, 방법을 제시해야 한다. 책임져야 할 시기가 오면 책임져야 한다. 정치적 불이익이 예견되거나 곤란한 지경에 빠질까 봐 뒷걸음질 치는 사람은 정치인으로서의 자질이 없다. 정치적 유불리를 따져 공동체가 해야 할 일을 외면하고 타이밍을 놓치는 리더가 있다면 그는 미래세대를 배신하는, 가장 나쁜 정치인으로 기록될 것이다.

우리 사회에는 많은 과제가 놓여 있다. 정부 수립 70년이 넘도록 유지해 온 다양한 사회 시스템이 낡아 조금씩 손봐야 하는 것도 많다. 각 분야별로 개혁의 과제들이 줄을 이어 있고, 각각의 개혁 과제들을 둘러싼 사회적 논쟁과 갈등도 만만치 않다. 손대면 커질 수밖에 없는 골치 아픈 이슈들을 피해가고 싶은 유혹은 모든 정치인들에게 당연한 것이지만 이를 어떻게 대하느냐에 따라 그 정치인은 정치꾼으로 전락할지, 국가적 지도자로 거듭날지 갈라진다.

다행히 그동안의 대한민국 대통령과 정치지도자들은 역사적 결단의 고비에 우리나라가 어느 지점에 와 있고 어디로 가야 하는지에 대한 진단과 선택을 제대로 해왔다. 반민주행위와 독재정치에 대한 비판은 받아 마땅하지만 이승만 정권은 토지 개혁과 국가의무교육제도를 남겼다. 박정희 정권은 경부고속도로 건설로 대표되는 산업화의 길을 닦았고, 김대중 정권은 인터넷고속도로 사업을 통해 정보화 시대를 열었다. 노태우 정부는 신북방정책으로 한국 외교의 영토를 넓히고 인천공항·KTX 등 대규모 사회기반시설을 마련했으며, 노무현 정권은 탈권위 사회제도·탈서울 지방분권의 틀을 열었다. 각각의 시대에 각각의 역할을 제대로 했기 때문에 오늘의 대한민국이 만들어진 것이다.

정치지도자는 자신을 불러낸 시대의 요구에 호응하여 지지자와 국민으로부터 욕먹을 각오로 시대의 과제와 정면으로 마주해야 한다. 힘들다고 외면하고 고통스럽다고 발을 빼면 무책임한 지도자로 남을 뿐 아니라 국민에게 더 큰 고통을 안기는 결과를 만들게 된다.

일본의 실패를 타산지석으로 삼아야

———

일본의 잃어버린 20년을 이야기하는 사람들이 많다. 이들 대부분 일본의 경험을 우리가 답습해서는 안 된다는 경계의 의미를 분명히 한다. 실제 일본의 경우 인구 감소로 인한 고령화 사회의 부담과 노동 인구의 감소, 버블 경제가 꺼진 뒤 지속된 경제 침체, 국가부채의 증가, 좀비기업의 증가와 생산 부문에서의 초과 설비 등의 상황을 지적받고 있다.

그러나 일본의 잃어버린 20년을 이야기할 때 대부분 잊고 있는 부분이 있다. 일본의 정치지도자들이 당시의 위기에 대해 어떻게 대응하고 움직였는지에 대한 이야기이다. 결론적으로 말하면 일본 정치권은 일본의 장기 침체에 대한 대응에 실패했다. 일본 정치권이 일본의 무기력한 상황을 극복하기 위해 다양한 진단을 하고 대응을 모색한 것은 맞지만 그들은 상호파괴적인 정쟁과 분열, 계파정치와 사회 기득권 세력의 한계를 뛰어넘지 못했다. 심지어 일본 정치권은 앞선 정권이 세운 개혁 프로그램을 다 뒤집고 폐기하면서 국가정책의 지속성을 전혀 확보하지 못했다. 1년이면 정권이 바뀌는 정치적 불안정이 계속되면서 정치지도자들이 국가 장기 비전을 제시하지도 못했다. 이러는 와중에 일본 경제는 세계 최강의 기업 경쟁력이 한국을 비롯한 경쟁 국가들에게 따라잡히고 있음에도 불구하고 기업·금융·혁신 기술 개발 분야에서 제대로 된 성과를 만들지 못했다. 경제적 침체를 극복할 그랜드 플랜을 세우고 지속적으로 집행해야 할 정부가 불안정과 무기력에 빠지면서 일본은 여전히 활력을 잃어버린 경제강국으로 세계 최고의 국가부채를 안고 불안해하고 있다. 정치의 안정, 정치의 리더십이 사라질 때 위기는 더욱 깊어지고 더 길어진다.

대한민국의 국가전략은 무엇인가?

———

중국 공산당은 10년 단위로 국가의 중요 전략을 설정하고 밀고 나간다. 일당독재가 완벽하게 작동하는 공산주의 정치 체제이기 때문에 정치적 안정성을 바탕으로 지난 20년만 돌이켜 봐도 중국의 국가전략이 어떻게 마련되고 실행되어 왔는지 알 수 있다.

덩샤오핑에 의해 개혁개방 정책이 시작된 이래 공산당 내부 보수파와의 갈등과 논란을 잠재워 가며 장쩌민, 후진타오, 시진핑에 이르기까지 그 정책 아래 일관되게 중국이라는 거대한 나라를 이끌고 있다. 각 지도자의 특색이 다르고 그들이 당을 통해 선보이는 우선 집중과제는 달랐지만 미국과의 관례, 대만에 대한 입장과 태도, 북핵 및 한반도 문제에 대한 태도 등 국제관계에서 중국이 그들의 이익을 지키기 위한 전략적 관점은 분명했다.

대한민국 입장에서는 고달프고 힘든 일이 많았지만 중국 공산당과 지도자들의 국가전략은 분명했고, 일관됐고, 집요했다. 과거사 문제와 다오위다오 영해권 문제로는 일본과, 북핵 및 사드 문제로는 대한민국과, 영해 문제로는 동남아시아 국가들과 갈등을 빚고 있고 미국과는 국제 패권을 놓고 치열한 무역전쟁 중이다. 홍콩 문제, 빈부격차 문제 등 내부 문제와 국제적 갈등이 동시다발로 닥치고 있는 중국의 앞날이 어떻게 될지 미지수이지만 적어도 중국이 국가전략을 가지고 이 문제들에 대응하고 있는 것은 분명해 보인다.

그런데 대한민국의 국가전략은 무엇인가? 공산당이라는 하나의 당이 일사불란하게 움직이고 10년씩 이어지는 안정적 리더십으로 일관된 전략을 가지고 움직이는 중국에 비해 대한민국은 어떤가? 5년 단임제 리더십과 상대적으로 빈약한 정당정치의 내공으로 중장기 과제에 제대로 대처하지 못하고 있는 것은 아닌가? 비민주적 정치 체제인 중국과 단순하게 비교해서는 안 될 일이지만 대한민국이 사회개혁 과제, 국가전략 과제에 대한 효율적 대응을 못하고 있는 것은 아닌가?

현재 대한민국에는 경쟁과 비인간적 관계가 우선되는 피로사회가 아닌 사회적 배려와 행복, 존엄이 함께하는 복지사회로 전환시키기 위한 대한민국만의 30년 전략이 없다. 모두가 이런 사회를 바라고 모든 정당과 대통령 후보들이 이런 사회를 만들겠다고 약속하지만 5년에 한 번씩 관련한 정부 차원의 계획이 허물어지고 다시 수립되기를 반복하는 것이 현실이다.

대한민국 국민들은 스스로 행복하다고 느끼지 못한다. 한국인의 삶의 만족도는 6.1점(《2020 삶의 질 보고서》)으로 OECD 회원국 중 최하위권에 머물렀다. 우리 사회가 지난 세월 많은 것을 이루었지만 동시에 많은 것을 놓치고 있었다는 점을 보여준다. 경제적 성과만 우선하다 보니 치열한 경쟁과 비인간적인 사회 시스템, 불안정한 노동시장 구조, 부족한 일자리, 주거 불안정과 노후 불안 등이 겹친 탓이다. 이미 경제대국의 위치에 있지만 사회복지시스템은 여전히 부족하고 한번 빈곤의 나락에 떨어지면 그 가족과 다음 세대가 다시 회복하기란 거의 불가능하다. 청년들의 시작이 불안하고 당장의 문제도 해결하기 어렵기 때문에 결혼과 출산을 계획할 여유도 없다.

부의 불평등과 양극화도 거듭 악화되고 있다. 국민 중 75.1%(2019,

KBS)가 우리나라 '부의 불평등' 수준이 심각하다고 인식하는 것으로 조사됐다. 또 2020년 1분기 소득 상위 20%(5분위)는 하위 20%(1분위)보다 5.41배 많은 소득(통계청)을 올린 것으로 나타났다.

게다가 부의 세습 역시 심각하다. 기업성과 평가 사이트인 'CEO 스코어' 자료를 보면, 2017년 기준 부자 상위 200명 중 우리나라는 상속형이 62%로 자수성가형(38%)보다 압도적으로 많다.

이런 한국 사회를 그야말로 '기회는 평등하고 과정은 공정하고 결과는 정의로운 사회'로 만들기 위해서 우리 사회에 대전환이 마련되어야 한다. 이 역할을 해야 하는 것이 정치이다. 정치인과 정당, 대한민국 청와대와 정부, 국회가 해야 할 일이다.

그러나 매일같이 밀어닥치는 정쟁적 현안을 처리하고, 선거를 앞둔 당 안팎의 경쟁에 몰두하면서 중장기적인 과제는 늘 뒷전으로 밀린다. 5년의 대통령, 4년의 국회의원, 광역시도지사의 임기 내에 반짝이는 성과를 남기기 위해 허겁지겁 정치 일정을 쫓아다니기에 바쁜 것이다. 정치권이 이렇게 제자리걸음을 하고 있으면 사회적 개혁 과제와 국가적 전략 과제를 처리하기 어렵다. 정치권에 혁명에 가까운 변화가 필요한 이유이다.

4
3대 사회개혁 과제,
3대 국가전략 과제

코로나 이후 합의주의 정치로

코로나 사태는 인류에게 많은 변화를 요구하게 될 것이다. 코로나 충격으로 세계 경제질서도 달라질 것이고 인류의 삶도 많은 곳에서 획기적으로 달라질 것이다. 세계 각국에게 똑같은 시련으로 다가선 코로나 위기를 어느 나라가 어떻게 극복해 나가느냐에 따라 새로운 질서의 기준을 만들고 규범을 제시하는 선도국가가 될 것인지 아니면 다른 나라가 만든 기준에 끌려가면서 2등 국가로 전락할 것인지 결정될 것이다.

코로나 이후 대한민국이 선도국가가 되기 위해서는 정치·경제·교육 등 3대 분야에서의 사회개혁과 안보·복지·인구 분야에서의 국가적 전략이 세워져야 한다. 이 3대 사회개혁과 3대 국가전략을 어떻게 수립하고 실행해 나가느냐에 따라 대한민국의 향후 50년 운명이 결정될 것이다. 이 과제들이 제대로 실행되기 위해서는 국민적 합의와 힘 모으기가 절실하다. 이를 뒷받침하고 끌고 나가기 위한 정치적 합의도 선결조건이다. 지난 30년의 한국 정치는 대통령을 당선시킨 정당과 일파가 5년간 모든 것을 좌지우지할 전권을 가지는 일방주의적 정치가 지배해 왔다면, 향후 30년은 합의주의적 정치 시스템을 바탕으로 지루하더라도 함께 가기 위한 노력이 정치를 지배해야 한다.

3대 사회개혁 과제 '정치·경제·교육'

———

정치개혁은 우리 사회에 오래도록 논의되어 온 주제이다. 그러나 그동안 정치개혁은 선거를 앞둔 각 정당이 표를 호소하기 위해 마련한 각종 이벤트로 대체되었다. 반짝 호기심을 끌 만한 내용이거나 깨끗한 이미지를 가진 인물의 영입으로 정치개혁에 대한 국민들의 요구를 회피해 온 것이다.

우리 시대 정치개혁의 방향은 성과를 내고 결과를 만들어 내는 구조, 즉 밥값 하는 정치제도의 확립이다. 이를 위해 국회가 자기 역할을 제대로 할 수 있도록 제도화해야 하고 청와대 중심의 과도한 권력 집중이 만들어 낸 '대통령 선도형 1인 통치 국가 시스템'을 '분권형 합의주의 시스템'으로 바꿔야 한다. 거듭 강조하지만 대한민국은 이제 1인의 슈퍼파워 지도자가 책임지고 선도할 수 있는 규모의 나라가 아니다. 그런 인물이 나올 수 없고 나오더라도 과거 권위주의 정권 시대처럼 이끌어 나갈 수 없는 다층적이고 다원적인 사회가 되었다. 즉, 정치개혁은 국회를 중심으로 하는 정치 시스템의 개혁이다.

또, 우리 정치의 또 다른 주역인 정당이 제대로 역할을 할 수 있어야 한다. 정당이 인재를 키우고, 훈련시키며, 정책적 안정성을 담보할 수 있어야 건강한 담론이 형성되고 책임 있는 지도자가 출현할 수 있다. 정당이 자기정체성이 확립되지 않은 가운데 선거 기획사로 전락하여 선거 이벤트에만 능숙하다면 정당 중심의 정치개혁은 꿈도 꿀 수 없다. 무엇보다도 대통령 선거에서 정당이 아닌 후보자 캠프가 중심이 되면서 주요 국가정책 결정 과정에서 나타나는 집권 정당 소외는 정당정치 약화의 주요 원인일 뿐 아니라 국가정책의 안정성 유지에도 치명적인 약점으로 작용한다. 이를 바로 세워야 한다. 즉, 정치개혁은 정당이 제 역할을 하는 정치 주체의 개혁이다.

이를 위해서는 우리 정치의 가장 큰 문제인 세대적 다양성을 반영하는 방향으로 나아가야 한다. 현행 정치제도에서는 젊은 세대들이 정치에 참여하기 어렵고, 선거에 나서기 어려우며, 젊은 세대가 소외된 결과 정치의 장에서 기득권 세대, 국민 평균 연령 이상의 노령 세대의 목소리가 주류를 차지하게 된다. 현행 제도에서 젊은 세대의 정치 참여는 그야말로 낙타가 바늘구멍을 들어가는 것만큼이나 어려운데, 20~30대의 국회의원 구성 비율이나 각 정당에서의 주도적 역할 등을 살펴보면 장식용 수준에도 못 미친다고 할 수 있다. 21대 국회는 2030세대가 13명으로, 20대 국회보다는 늘어났지만 여전히 전체의 4.3%에 불과하고, 국회의원 평균 연령은 54.9세다. 30대 장관, 40대 총리가 나오는 일이 대한민국에서도 더이상 보기 드문 일이 아니어야 우리 사회의 미래가 희망적일 수 있다. 과감하게 정당의 관행과 정치제도를 바꿔야 한다. 정치개혁의 성패 여부는 젊은 세대가 정치에 적극 참여할 수 있는 제도의 마련에 달려 있다.

경제개혁은 우리 사회에서 가장 많은 타협이 요구되는 분야이다. 대기업과 중소기업과의 타협과 조정, 기업가와 노동조합의 타협과 조정, 정규직과 비정규직의 대화와 타협, 조세정책과 금융정책 등 국가정책을 둘러싼 사회적 대화와 타협, 자영업자 정책 등 모든 분야가 갈등의 지뢰밭이자 양보하기 어려운 주제들로 가득하다.

그런 만큼 가장 공정하게 제도가 만들어지고 정책이 집행되어야 한다. 타협과 조정은 이해당사자들이 이익을 제대로 나누고 정책의 미래 결과를 예측할 수 있어야 가능하다. 오늘 당장 불이익을 감수하더라도 내일은 그 불이익을 충분히 보상할 수 있는 타협의 결과여야 한다. 정부의 정책이 안정적이고 일관성이 있어야 하는 이유가 여기에 있다.

시장은 강자가 주도하고 더 많은 이익을 가져가도록 작동하지만 정부가 추진하는 경제정책은 부의 편중을 완화하고 시장의 효율성이 더 잘 작동할 수 있도록 가속장치와 제어장치를 동시에 설계해야 한다. 재벌대기업의 이익이 더 커지는 반면 중소기업의 이익률이 저하되고, 기업의 이익은 늘어나는데 가계 소득은 줄어든다면 경제구조를 매만져야 하는 정부의 적극적인 역할이 요구된다. 정부는 사회적 불평등이 심화되고 부의 세습과 불로소득이 더 커지는 사회가 가져오는 사회적 무기력과 불만을 해소하고 불평등의 격차를 줄이기 위해 노력해야 한다. 경제개혁의 또 다른 방향은 도전과 열정이 뜀박질하는 경제구조를 만드는 데 있다.

최근 카카오, 네이버, 엔씨소프트 등 창업 1세대 기업들이 한국 경제의 우량아로 성장해 시가총액 상위권에 오른 모습은 매우 긍정적이다. 여전히 삼성과 현대, SK, LG 등 세습에 의한 기업총수들의 힘이 크고 그 기업들의 경제적 지배력이 막강하지만 기술기업들의 시가총액 상위권 등극은 한국 경제의 역동성을 보여주는 면에서 주목할 만하다.

젊은이들이 기술을 개발하고 아이디어를 바탕으로 기업을 만들고 사업에 도전해서 성과를 거두고 그에 대한 시장에서의 보상을 받도록 하는 것은 우리 사회와 경제의 잠재력을 더 키우는 일이다. 이런 도전과 성공이 가능하도록 하기 위한 일이 한국 경제에 꼭 필요하다. 두려움 없이 실패할 수 있는 사회적 지원, 기술과 아이디어를 통해 사업에 성공하고 보상받을 수 있는 공정경제 시스템의 안착, ICT 기반 산업 육성뿐 아니라 기존 제조업의 보호와 육성을 위한 정부의 정책적 지원이 있어야 한다. 특히 코로나 위기에 확인된 글로벌 생산체인의 무기력에 대응하기 위해 국내 제조업 생산 기반에 대한 투자와 관리는 기업 차원에서도 정부 차원에서도 마련되어야 한다.

재벌개혁과 경제민주화 정책도 경제개혁의 중요한 이슈이다. 삼성과 현대 등 재벌대기업이 우리 경제에서 차지하고 있는 비중이 경제구조 왜곡을 걱정해야 할 정도로 크기 때문에 재벌개혁을 이야기하는 것이 경제적 혼란을 불러올 것이라는 우려들이 존재한다. 그러나 더 성장할 수 있고 더 많은 이익을 낼 수 있는 기업임에도 불구하고 총수 일가의 사적 이익을 위해 복무하고 글로벌스탠다드를 지키지 못하면서 해당 기업들이 놓치고 있는 기회와 이익을 생각해보면 기업의 이익과 총수 일가의 이익을 구분해 보는 것은 매우 중요한 일이다.

게다가 최근 네이버와 카카오 등 신흥 재벌기업들이 기존 재벌대기업 집단들의 잘못된 행태를 따라 배우는 일도 생겼다. 불공정거래 사례가 적발되거나, 총수의 이익을 위해 회사의 이익이 훼손되기도 한다. 플랫폼에서 갑질을 하거나 사익 추구 논란이 벌어지기도 했다. 이런 잘못된 경우를 방지하고 한국 경제가 도전과 혁신의 에너지로 가득 찰 수 있도록 제도를 개선해 나가는 것이 중요하다. 기업을 벌주자는 것이 아니라 시장이 합리적이고 효율적으로 작동되도록 하자는 것이다. 삼성전자 같은 회사를 10개, 20개 더 키우자는 것이다.

많게는 수백 조의 투자가 집중되어 있는 상장기업을 개인의 소유물로 착각하고 이를 장악하거나 자식에게 물려주겠다는 생각 자체가 구시대적인 태도이며 투자자와 회사의 이익보다 자신의 이익을 앞세우는 일을 저지르게 한다. 특히 한국 4대 재벌 기업들의 주주 배당 성향이 다른 상장기업보다 현저히 낮은 사실을 감안할 때 재벌 총수 일가의 3% 내외의 적은 지분을 통한 부당한 기업 지배는 개선되어야 한다. 이를 위해 각종 제도적 정비, 법률의 개정 등이 국회에서 논의되고 있고 이는 결국 한국 경제의 경쟁력 강화와 국제신인도 제고에 도움이 될 것이다.

더 나아가 기업 지배구조의 개선이 이루어지면 총수 1인의 독단적이고 독선적인 경영에 대한 견제가 가능해져 기업 운영이 보다 효율적으로 될 것이다. 기업 이사회가 거수기 역할을 하는 데 그치는 상황에서는 합리적 경영 판단을 위해 이견을 낼 수 없기 때문에 기업이 위기에 노출되는 경우가 많다. 문제가 있어 보이는 선택에 대해 'NO'라고 목소리를 내는 것은 경영합리화를 위해 바람직한 일이다. 지배구조의 개선은 기업 경영의 합리화뿐 아니라, 모기업에 불이익을 주면서까지 총수 일가가 지배하고 있는 계열사들에게 일감 몰아주기 등을 통해 이익을 집중시키는 행위도 근절하고 주주들에 대한 배당 성향도 개선될 것으로 기대된다.

삼성전자 같은 회사를 10개 더 키워 낼 수 있는 경제 구조를 만들기 위해서는 총수 일가의 사익 추구를 근절해 기업의 부담을 줄이는 등 불합리한 측면을 개혁하고 창업과 혁신의 에너지를 북돋는 제도 개선을 이뤄내야 한다. 그렇게 하기 위해서 21대 국회의원으로 재선되자마자 나는 상법개정안을 제출했다. 박용진의 재선 1호 법안이었고, 첫 번째 토론회도 이것으로 잡았다. 최종적으로 상법개정안은 폭넓은 수준으로 개정될 수 있었다. 상법개정안이 문재인 대통령의 공약대로, 우리 사회에서 10여 년 동안 논의된 내용대로 통과되지 못한 것은 정말 아쉬운 일이다. 전속고발권 폐지 문제와 3% 룰 원칙의 훼손이 뼈아프다. 그러나 부족하나마 우리 경제의 활력과 기업의 좋은 성장을 위해 한 걸음을 내딛게 된 것은 환영할 만한 일이 분명하다. 누가 뭐래도 문재인 정부가 이뤄낸 중요한 성과이다.

이와 함께 의논되어야 할 경제개혁 과제에는 노동 부문 개혁도 있다. 노동 부문 개혁은 일방적인 것이 아니라 쌍방적으로 인식하는 것이 맞다. 임금과 정년, 초단기 일자리 확대 정책과 그들에 대한 보호 정책, 다시 말해 그들의 노동자성 인정과 4대 보험 의무화 등이 같이 의논되어야 한다. 노조의 경영 참가와 노동 조건에 대한 노사 합의 우선 정책 등이 그것이다. **노동조합을 대표한다는 일부 노동운동 인사들의 사회적 합의와 타협에 대한 적대적인 태도는 비판받아야 하고 이들의 무책임한 태도는 용납되어서는 안 된다.**

교육개혁도 매우 중요한 과제이다. 대한민국은 교육의 나라이다. 헌법을 제정하면서 의무교육, 무상교육을 못 박았으며 1949년 12월 교육법을 제정하여 초등학교 의무·무상교육을 실시하기 위한 법적 기반을 마련했다. 먹고살기도 쉽지 않은 나라에서, 학교 건물은커녕 책걸상도 제대로 갖추기 어려운 나라에서 교육을 국민의 의무로 삼고 그 무상교육을 나라의 의무로 삼았던 것이다. 일제 시대에 교육운동을 독립운동으로 인식하는 민족이었고, 만주로 간 이주민들이 마을을 조성할 때 가장 먼저 생각한 터도 학교였다. 이렇게 자녀 교육에 온 힘을 쏟아 온 민족이다.

그 덕분에 식민지를 막 벗어난 나라가 인적 자원을 바탕으로 빠른 속도의 경제건설을 해내고 공업화의 기틀을 다졌다. 가난한 농민의 아들, 도시 빈민의 딸들이 학교라는 공간과 교육이라는 사다리를 통해 신분 상승을 꾀할 수 있게 되었고 한국 사회는 출신 성분이 아니라 출신 학교를 기준으로 사회 계층이 분화되었다. 봉건적 신분제도 사회가 학력과 재산에 의한 신분제도로 재편되면서 '학벌사회'라는 말도 생겨났다.

대한민국 사회에서 '교육'은 우리 민족을 뿌리 깊은 가난에서 벗어나게 하고, 식민지 잔재를 빠르게 털어내게 하고, 봉건적 신분제 사회를 해체하는 사회혁명의 근원지 역할을 했다. 대한민국을 부모가 누구든 자기 노력에 의해 성공할 수 있는 나라로 만들었고, 새로운 신분 상승 기회의 발판이 되는 계층 상승의 사다리 노릇을 했다. 그게 대한민국에서 교육의 역할이었다.

그러나 지금 대한민국 교육은 혁명의 근원지가 아니라 혁명의 대상이 되어야 한다. 교육과정을 통해 형성된 학벌사회가 혈연사회를 대신하고 있고, 부모의 신분과 재산의 정도에 따라 아이들이 받는 교육의 형태와 질이 달라졌다. 교육이 기회 균등의 출발점, 과정에서의 공정, 결과에서의 정의를 만드는 공간과 제도를 제공하지 못하고 심각한 불평등을 불러오고 있다. 교육이 더이상 계층 이동의 사다리가 되지 못하고 있다.

그래서 지금 교육개혁이라는 이름으로 온갖 주장이 나오고 있다. 대한민국 교육이 원래 기대했던 기능을 잃어버렸고, 추격형 국가의 아이들을 키워내던 시스템에서 선도형 국가의 혁신적 리더들을 키위내야 할 새로운 역할은 제대로 못하고 있기 때문이다. 전통적 기능과 새로운 역할 모두에서 낙제점을 받고 있는 교육개혁의 목소리가 나온 지도 오래되었다. 그러나 그 방향과 속도를 놓고 제시한 해법은 정권마다 달랐다. 교육이야말로 한국 사회개혁의 가장 중요한 대상이 되었으나 가장 첨예한 대립의 한복판에 서게 된 것이다.

교육이 전통적으로 가졌던 불평등과 격차 해소의 기능을 살려야 한다. 부모의 재산과 사회적 지위 등 출신과 관련된 불평등한 조건이 아니라 개개인의 노력과 능력으로 결과가 더 많이 규정받는 사회가 되어야 한다. 그러기 위해서 대학과정까지 전 교육과정을 국가가 책임지는 일은 너무나 당연하다. 교육 정책의 장기성·안정성·지속성을 위해 독립적인 국가교육정책위원회가 수립되어 정권의 변화와 정치적 주장에 휘둘림 없는 혁신적 시도를 만들어 나가야 한다. 교육현장의 안정성을 깨지 않는 한 교육과정에서의 혁신적 시도는 다양한 방식으로 도입되어야 한다.

교육이라는 사회개혁 과제를 제대로 수행해 나가기 위해서 정치적 합의를 최대한 만들어 내고 전문가들을 중심으로 문제를 해결해 나갈 수 있도록 해야 한다. 교육이야말로 백년의 계획을 세워야 하는 우리 사회의 가장 중요한 분야이기 때문이다.

3대 국가전략 과제 '안보·인구·복지'

———

　대한민국이라는 국가는 곧 국민이다. 국가라는 것은 우리 사회구성원들로부터 독립된 절대적 존재가 아니라 바로 국민들이 주인인 공동체를 의미하기 때문이다. 따라서 대한민국이라는 공동체는 국민들에게 꼭 필요한 문제를 해결하는 존재여야 한다. 지금 대한민국이라는 공동체의 지속성을 유지하고 강화하기 위해서 세워야 하는 장기 전략은 안보 문제, 인구 문제, 그리고 복지 문제다.

　안보 문제의 핵심은 북핵 문제이다. 대한민국 안보의 최대 위협이 북한이 보유하고 있는 핵무기이고 이 문제를 어떻게 다룰 것인지가 향후 수십 년 동안 대한민국의 안전과 직결된다. 이 문제에 대한 해법이 미중 대립과도 연계되고 한일 관계와도 연계된다. 무엇 하나 쉬운 일 없는 대외 관계에 북핵 문제까지 겹치면 복잡한 함수관계가 만들어진다.

　장기적으로 대한민국이 미국과 함께 갈지, 중국과 함께 갈지 우리로서는 중요한 결정 과제이고 벌써부터 사회적 논란과 대립이 엄중하다. 조선시대 명청교체기에 조선 정부가 잘못 대응해서 겪었던 두 번의 전쟁과 백성들의 수난은 지금 시기의 교훈이다. 그러나 어떤 선택이 지난 잘못을 반복하지 않는 것인지 의견이 팽팽하다. 이미 미국과 중국은 무역전쟁을 치르고 있고, 단순 무역전쟁이 아니라 안보 충돌로 이어지고 패권전쟁으로 치달을 수 있는 상황이다. 화웨이 문제를 어떻게 바라보고, 미국이 주도하는 인도·호주·일본의 쿼드(Quadrilateral Security Dialogue)에 참가하느냐 마느냐가 단순한 개별 사안에 대한 선택이 아니다. 어떤 선택이 한반도와 대한민국의 안보를 확고히 하고 국민들의 안전과 번영을 지키는 길이 될 것인지 전략적으로 판단해야 한다.

한일 관계 개선, 국방개혁, 병역제도 개선 등의 문제도 안보 문제와 직결된 과제들이다. 하나하나가 난마처럼 얽혀 있는 문제들이기도 하다. 각각의 문제와 전체의 문제를 함께 풀어나가야 하는 만큼 사회적 합의가 반드시 필요하고 정치적 타협이 있을 수밖에 없다. 정치인들은 책임 있고 소신 있게 안보 문제에 답을 해야 한다. 이런 문제에 정략적인 태도를 앞세우는 세력은 국민들에 의해 외면받을 것이다.

뒤에 언급하겠지만 박용진이 주장하는 실리주의 '영리한 외교', 통일환상론을 벗어나는 '사이좋은 이웃 북한', 모병제와 정예강군론, 남녀평등복무제 등의 정책적 제안은 그 하나하나가 논란의 대상이 될 것이다. 서로 바라보는 관점이 다르고 이해가 다를 것이기 때문이다. 정치적으로 손해를 볼 수도 있고 고립될 수도 있다. 그러나 대한민국의 정치지도자가 되고자 하는 사람이라면 책임감 있게 대안을 제시하고 토론할 수 있어야 한다. 자신의 제안을 국민들에게 설명하기 위해 노력해야 하고 이견을 가진 이를 설득해야 한다.

인구 문제의 심각성은 모두가 알고 있는 대한민국의 큰 걱정거리이다. 2011년부터 인구 감소에 대응하겠다고 정부 차원의 노력이 진행되고 천문학적 예산이 투입되었지만 상황은 점점 더 나빠지고 있다. 인구 문제는 단순히 '왜 아이들을 낳지 않느냐'며 젊은 세대를 몰아세우는 방식이어서는 안 된다. 얼마 되지 않는 출산 수당을 내세워 지방자치단체가 경쟁적으로 홍보를 하는 모습은 오히려 눈살을 찌푸리게 한다. 아이 한 명을 낳고 키우는 데 들어가는 정성은 돈으로 따질 수도 없을뿐더러 아이의 보육과 교육, 의료와 취업 과정에 부모의 모든 것이 빨려 들어가야 하는 일인데 출산 수당을 내세우는 방식은 이런 문제를 은폐하는 부작용마저 있다.

인구 문제를 단순히 출생의 문제로만 보아서는 안 된다. 자연계의 모든 생물들은 환경이 나빠지면 세대 번식을 멈추고 자기 생존에 모든 에너지를 쏟는다. 인간도 마찬가지이다. 지금 당장 내 한 몸 살기 힘든데 어떻게 아이를 낳고 기른단 말인가. 각박하고 고통만 가득한 세상에 아이를 낳고 아이가 그 고통을 겪도록 하는 것이 아이에게 죄를 짓는 것 같은 생각이 들게 하는데 어떻게 부모가 되라고 할 수 있을까. 대한민국이라는 나라가 훌륭하고 위대하다고 말하는 사람이 아무리 많아도 이 사회가 아이를 낳고 기르기에 두려운 나라가 되어버린 상황을 무시해서는 안 된다. 2020년 기준 합계출산율 0.84명이라는 처참한 상황은 대한민국이라는 나라가 사람이 태어나 살아가기에 얼마나 위험하고 힘든 곳인지를 고발하는 고발장이자 무서운 경고이다. 인구 문제의 해법은 단순한 결혼 장려, 출산 장려 캠페인의 문제가 아니라 대한민국을 바꾸는 것이어야 하고 현재 우리가 살아가는 사회의 시스템을 변화시켜야 하는 것일 수밖에 없다.

저출산과 인구 감소가 우리에게 축복이 될 수 있다는 지적도 있다. 이 역발상도 지금 우리 사회가 너무 힘들다는 인식에서 출발한 것이고, 규모의 경제, 성장주의를 포기하면 사회적으로 숨 쉴 수 있는 여유와 공간이 더 늘어나지 않겠느냐는 접근이다. 그러나 이런 태도는 일종의 정신승리에 불과하다. 작은 나라를 지향하고 내적으로 탄탄한 사회안전시스템을 갖추어 강소국을 지향할 수도 있다. 하지만 이런 접근은 인구 감소에 대한 무기력한 포기 선언에 불과하다. 인구 감소를 받아들이겠다는 것은 장기적인 경제 침체와 저성장, 지방의 소멸과 사회 시스템의 붕괴를 방치하겠다는 말과 다르지 않다. 대한민국이 사람이 살아가기에 힘든 사회라는 사실을 인식하고 이를 극복하기 위해 노력하기보다는 저절로 알아서 사회적 균형이 맞춰질 것이라고 생각하는 수동적이고 비합리적인 접근이다.

이제는 지난 10년 가까운 우리 사회의 노력이 왜 실패하고 있는

지 확인하고 새로운 방법을 총력을 다해 종합적으로 세워야 한다. 인구 문제의 해법을 신생아 출산에 맞추지 말고 사회 전반의 변화에 맞춰야 한다. 이를 위해 정치권이 앞장서서 사회적 기구도 만들고 사회 전반적인 변화를 유도할 제도와 법 개정에 앞장서야 한다.

나는 인구 문제 해결을 위해 정부의 총력대응체제를 구축하고 이 국가 재난 상황을 극복하기 위해 '인구부총리'를 신설하고 총괄 지휘권을 맡겨야 한다고 주장한다. 지난 15년간 200조 넘는 돈을 쏟아부었지만 오히려 인구 문제는 더 심각해져 왔다. 각 부처가 '저출산 대책'이라는 명목으로 자기 부처 숙원사업을 수행했기 때문이고, 인구 문제 담당 부처가 여성가족부, 보건복지부 등 이른바 힘없는 부처가 맡아왔기 때문이다. 2003년 대통령 직속으로 '저출산고령사회위원회'가 신설되었지만 사실상 주어진 역할에 실패했다. 주먹구구 책임분산의 상황이 계속되어서는 안 된다. 인구 감소를 국가 재난 상황으로 받아들이고 이를 극복할 '차르(tsar) 수준의 권한'을 갖는 인구부총리를 신설해야 한다. 인구 문제는 오늘 성공적으로 대응해도 20~30년 뒤에야 그 성과를 얻는 장기 대응 과제이다. 정권 차원의 대응이 아닌 국가 차원의 대응을 위해 시스템을 구축하는 것이 중요하다.

사람을 낳고, 사람이 살 만한 사회로 대한민국을 변화시키는 것,

그것이 우리가 대한민국 30년을 설계하는 국가전략 과제의 핵심이다. 그것은 바로 복지국가를 만드는 일이다. 우리보다 앞서 인구 감소를 경험하고 이를 극복한 나라가 스웨덴이다. 스웨덴은 한때 지상 낙원으로 칭송받았던 사회이다. 지금도 유럽 안에서 복지강국이고 살기 좋은 나라로 인정받고 있다. 이 스웨덴이 인구 감소에 대응하는 과정이 복지사회를 만드는 출발점이었고 지금 인구가 일정하게 유지되고 있는 이유도 복지사회가 잘 유지되고 있기 때문이다.

스웨덴은 왜 여성들이 아이를 낳지 않는지 문제를 하나하나 풀어나가며 한 명의 인간이 태어나 그 사회에서 살아가기에 필요한 시스템을 갖춰나갔다. 아이를 낳게 하기 위해서 주택정책, 보육정책, 교육정책, 여성의 사회적 지위 문제 등 생애맞춤형 복지 시스템을 만들었고 그 시스템을 갖추는 데 필요한 재정 마련을 위해 세금을 더 걷고, 그를 위해서 사회적 대타협을 이끌어 냈다. 이 문제를 풀어가는 데 30~40년이 걸렸지만, 모든 과정을 정치가 앞장서서 진행했다. 스웨덴 사민당이 사회적 합의주의 노선으로 사회적 대화, 정치적 타협을 이뤄냈기 때문에 이 긴 시간 동안 일관된 정책을 유지하고 사회를 점진적이지만 엄청난 변화의 한복판으로 이끌 수 있었던 것이다.

지금 대한민국은 온갖 복지정책의 제안으로 넘쳐난다. 그런데 실효성 있게 도입되고 보강되는 제도는 많지 않다. 문재인 정부 들어 보장성이 더 강화되어 서민들에게 실질적 도움을 주고 있는 국민건

강보험은 세계적으로 칭송받고 부러움을 사는 제도이다. 이 제도가 있기 때문에 돈이 없으면 병원에 가지도 못하는 야만의 사회와는 다른 대한민국이 만들어진 것이다. 이 제도는 박정희 정부에서 도입되었고, 노태우 정부 때 전 국민에게 확대 적용되었으며, 김대중 정부 때 직장의보와 지역의보의 통합이라는 큰 산을 넘었다. 보수와 진보가 함께 만들어 온 결과다. 우리 국민들이 만들고 강화시켜 온 국민의 성과이다.

어떤 사회보장제도도 하루아침에 이루어질 수 없다. 보수 정치 세력이든 진보 정치 세력이든 국민을 평안하게 모시려는 의지가 분명하다면 서로 협의하고 설득해야 한다. 타협하고 양보해서 조금이라도 진전된 결과를 내놓아야 한다. 그것이 정치가 해야 할 일이다.

복지사회를 만들어 나가기 위해 정치지도자들은 30년 계획을 세우고, 20년 실천 프로그램을 구상하고, 10년 동안 어떤 준비를 해 나가야 하는지 고민해야 한다. 각 단계마다 사회구성원들이 얼마나 세금을 더 내야 하고 어떤 혜택을 사회로부터 돌려받게 될지 설명하고 설득하는 일 또한 정치인들이 해야 한다. 환상을 팔고 박수받을 소리만 하는 것은 저잣거리 만담꾼이 할 일이지 정치인의 역할이 아니다. 대한민국을 30년 뒤 복지국가로 만들겠다고 약속을 하려면 그에 따르는 책임 있는 태도를 보여야 한다. 당장 욕을 먹더라도 이것이 우리의 미래를 위해 정치가 해야 할 일이다.

3장

대한민국
대전환

1
재벌개혁·혁신 성장·
경제 전환의 길

질적 전환을 고민해야 할 시점

    대한민국의 경제 규모나 구조가 이제 더이상 개발도상국이라는 이름의 추격형 경제가 아니라 선도형 경제라는 점은 명확하다. 대한민국은 이제 '잘살아보세'로 표현되는 박정희 시대와 '세계화'라 명명한 김영삼 시대를 넘어, 막연한 지향이었던 '선진국'이라는 자리에 서게 된 것이다. 경제 규모가 엄청나게 성장했을 뿐 아니라, 주력 수출상품으로 거론되는 반도체·자동차·선박·석유화학 등의 전통적인 품목들을 넘어서서 배터리·플랫폼 산업·게임 산업·문화콘텐츠 산업 등에서도 세계적인 선도국가로 발돋움하고 있다.

이제 더이상 권위주의 시대에 구축되었던 기업문화와 경제질서라는 낡은 옷으로 몰라보게 성장한 경제의 틀을 옭아매서는 안 된다. 몇몇 대기업을 중심으로 성장과 수출 분야에서 성과를 내고 그를 중심으로 국내 경제를 선단형으로 이끌고 가는 방식은 더이상 먹히지 않는다. 편식이 몸에 좋지 않듯 경제적 편중의 부작용도 적지 않다. 잘 해왔던 성공의 방식에서 벗어나 질적 전환을 고민해야 하는 시점이다.

그러나 정치도 경제도, 익숙한 길로만 계속 다니려고 하는 경향을 갖는다. 익숙한 길이 쉬운 길이고, 변화를 가져오려는 시도를 새로운 기회로 여기기보다는 새로운 위협으로 인식한다. 하지만 그 익숙함이 오히려 가장 큰 위험이다. 한국 경제는 손쉬운 방법이 아니라 새로운 기회를 여는 길로 나아가야 한다.

미국 경제가 여전히 세계 최강인 이유

새로운 기회를 여는 길로 가는 일은 쉽지 않다. 당장 '기업을 죽이려 한다', '경제를 망치려 한다'는 선동에 가까운 반대 논리가 창궐하고 있다. 그러나 대부분 변화를 요구받는 당사자인 기업 오너들과 이익단체, 보수언론의 주장일 뿐 누구도 한국 경제를 그냥 이대로 방치해도 문제없다고 보는 사람은 없다. 변화하지 않으면 주저앉을 수밖에 없다. 대한민국 경제는 재벌개혁과 혁신경제를 양 날개 삼아 더 높이 날아야 한다.

미국 법무부는 2020년 10월 구글을 반독점법 위반 혐의로 제소했다. 미 정부는 미국 IT업계 최대 기업인 구글에 대해 '경쟁자들의 시장 진입을 막고, 독점적 위치를 유지하기 위해 다양한 불법행위를 저질렀다'며 법정에 세우고, 최종적으로 구글의 기업 분할을 목적으로 하고 있다. 아마존, 애플, 페이스북에 대한 법적 조치도 예고되었다. 앞서 미 하원에서도 이들 업체들에 대한 반독점 혐의에 대해 청문회를 열고 문제점을 지적한 바 있다. 미 정부는 하원의 움직임과 별도로 1년 전부터 반독점법 위반 혐의를 조사 중이었고, 48개 주정부 검찰총장들 역시 2019년 9월 4대 IT 공룡기업들에 대해 같은 혐의로 조사에 들어간 바 있다.

미국은 지난 100년간, 시장에서 기업 간 공정한 경쟁을 보장하기 위해 '반독점법'을 적극적으로 활용해왔다. 선두 기업들이 시장지배적 지위를 이용해 독점을 강화할 경우 많은 로비와 반발을 무릅쓰고 개입과 규제의 칼을 꺼내 들었다. 시어도어 루스벨트 대통령 시대에 미국 정부는 석유·철강·철도 등의 분야에서 독점 기업들에 대한 규제를 시작으로 1900년대 초, 석유 사업을 독점한 스탠더드오일을 34

개 회사로 분할했다. 1930년대 항공 독점 회사인 보잉은 엔진 제작, 항공기 제작, 항공운수운영사 등으로 분할되었고 1980년대에는 미국 내 통신사업의 독점적 지위를 차지했던 AT&T가 8개 회사로 분할되었다. 마이크로소프트도 반독점법의 규제 대상으로 분할 위기까지 갔지만 몇 가지 기업 운영 방식의 개편에 합의하면서 분할은 겨우 면했다.

경제를 위해 정치는 현명한 의사 역할을 해야 한다

———

대한민국에서 이런 일들이 벌어진다고 상상을 해보자. 아마 '기업 옥죄기' 조치라며 보수 진영과 언론에서 난리를 칠 것이다. '사회주의 정책이다', '빨갱이 정부다' 하는 이야기도 서슴없이 나올 것이다. 미국이 연방정부를 비롯해 의회, 주정부마저 이렇게 '기업 옥죄기'에 나서는 이유는 무엇일까? 그것은 미국인들이 미국의 자본주의 역사를 통해 얻은 명확한 교훈을 잊지 않았기 때문이다.

미국 자본주의 역사는, 자본주의의 최대 가치는 경쟁이며, 이 경쟁으로부터 시장의 효율성과 창의성이 제고되고 더 많은 번영을 만들어 준다는 사실을 보여주고 있다. 또, 이 경쟁을 제한하는 어떤 존재와 조치도 용납되어서는 안 된다는 점을 뚜렷한 교훈으로 남겼다. 시장에서의 독점은 당장 독점 기업에게 엄청난 이익을 남겨주는 것 같지만 경쟁을 증발시키고 시장을 황폐하게 만들어 결국은 모두를 패배자로 만든다. 이 문제를 명확하게 파악한 미국의 정치인들이 100년 전부터 반독점법을 만들고 단호하게 대처해 온 덕분에 미국은 창의성이 넘치는 후발주자들이 미국의 기업 경쟁력을 강화시키고, 소비자들에게는 더 많은 이익과 더 큰 번영을 안겨준 것이다.

대한민국 경제는 과거 권위주의 시절에 형성된 재벌독점체제가 혈연에 의한 총수 일가의 기업지배체제와 맞물리면서 세계적으로 유례가 없는 기업문화와 경제질서를 만들었다. 양적 성장을 우선하던 시절에는 효율적이었지만, 속도와 창의성이 생명인 현대 자본주의에서는 그 경쟁력을 잃고 있다. 정경유착과 총수 일가 부정부패 등 심각한 사회문제도 드러냈다. 특히 4차 산업혁명 시기에 맞는 새로운 도전과 기술 개발로 무장한 혁신기업들이 시장지배적 지위에 있는 재벌대기업 중심 경제질서에서 혁신과 창조의 생명력을 잃는 등 부작용도 만만치 않다. 무엇보다도 시장 독점적 지위와 총수 일가의 사적 이익을 위해 기업과 투자자의 이익을 희생하는 등 반칙적, 불법적 경영이 곳곳에서 벌어지면서 기업의 활력과 경제의 활성화를 가로막고 있다. 재벌개혁과 공정경제, 경제민주화 등의 이름으로 취해지는 정치권의 노력이 더욱 필요한 이유이다.

앞서 말했던 것처럼 기업을 살리고 경제 활력을 보장하는 힘은 시장에서의 불공정 경쟁을 차단하는 데 있고 그 역할은 기업 스스로가 아니라 정치권이 선제적으로 나서야 한다. 암살의 위협까지 무릅쓰며 로비와 방해를 물리치고 공정한 시장 경쟁을 지키기 위해 앞장선 루스벨트 대통령을 비롯한 100년 전 미국의 정치지도자들이 보여준 용기와 노력이 오늘날 미국을 세계 최강의 경제국으로 만든 힘이다. 어렵게 형성해 온 대한민국의 경쟁력과 번영을 지키고 키워나가기 위해서 대한민국 정치 리더들의 지혜와 용기 있는 행동이 필요한 이유이다.

과거의 패턴과 질서에 익숙한 재벌대기업들이 이런 흐름에 당장 반대하고 반발하는 것은 그들 입장에서는 당연한 일이다. 그러나 장기적으로는 기업을 위한 일이자 대한민국 경제를 위한 일이다. 건강을 지키기 위해서는 식이요법, 주사 및 투약, 수술 등 다양한 처방이 요구된다. 어떤 환자는 자신은 아프지 않다고 주장하거나 주사 및 수술의 공포, 식이요법 등의 불편을 이유로 반발할 수 있다. 그러나 현명한 의사는 환자의 반발에도 불구하고 자신이 해야 할 일을 정확하게 해 나간다. 우리 정치가 우리 경제를 위해 해야 할 일이 바로 현명한 의사의 역할과 같다고 할 수 있다. 공정경제의 길은 반기업의 길이 아니라 가장 기업친화적인 길이다.

4대 재벌기업 고용 규모 넘어서는 혁신기업의 힘

———

한국 경제의 새로운 가능성은 젊은 세대가 반짝이는 아이디어와 창의력을 바탕으로 시장에 도전하는 벤처 스타트업 기업들의 혁신에 있다. 특별한 기술이 아니더라도 사회 흐름과 변화에 대해 주목하고 이를 반영한 비즈니스 모델을 세우는 것 자체가 의미 있는 혁신기업의 시작이다.

모텔, 호텔 등 숙박업계의 빈방을 싸게 소비자들과 연계해주겠다는 아이디어로 시작한 '야놀자', 증대하는 배달 외식 문화에 착목해 배달앱 서비스 하나로 음식업 자영업자들의 판로를 열고 소비자의 패턴을 바꾼 '배달의 민족' 등 새로운 혁신은 소비자의 필요와 서비스 제공자를 연계해주는 방식의 변화에서 시작했다. 이 밖에도 소비자 불만을 개선하거나 서비스 제공자와 효율적으로 연결해주는 카카오택시, 타다택시 등의 플랫폼 사업도 있고, 1인 가구의 확대로 세탁 및 가정식에서의 획기적인 서비스를 제공하는 런드리고(세탁), 프레시지(가정 간편식) 등도 아이디어와 열정으로 시작한 혁신기업들이다. 이렇게 벤처 정신과 혁신 열정으로 무장한 신생 기업들이 만든 일자리 수가 이미 재벌대기업의 일자리 창출 규모를 넘어섰다.

2020년 8월 중소벤처기업부가 발표한 바에 따르면, 3만 7천여 개의 벤처기업 중 고용정보 제공에 동의한 벤처기업 3만 4천여 개 기업의 상시고용 인원은 66만 7천여 명으로 삼성·현대·LG·SK 4대 기업의 상시 고용인원 69만여 명에 육박하고 있다. 중기부는 정보 공개에 동의하지 않은 나머지 업체들의 고용인원을 벤처업계 평균 고용인원으로 추산해 볼 때 벤처업계 전체 고용인원은 약 73만 명으로 4대 재벌대기업의 규모를 넘어서는 것으로 파악하고 있다. 혁신기업이 우리 경제의 중요한 버팀목으로 자라고 있는 것이다.

미국 FRB 의장이었던 앨런 그린스펀은 자신의 저서 『미국 자본주의의 역사』에서 미국 자본주의의 성장동력은 신기술과 아이디어가 '특허권'이라는 틀에서 적극 보호되고 시장에서 엄청난 금전적 이익으로 보상받도록 뒷받침한 미국의 제도에 있다고 말한다. 독점에 대한 철저한 규제로 시장에 후발주자들이 숨 쉬고 뛸 수 있는 공간을 만들고, 열정과 아이디어라는 혁신의 에너지가 넘칠 수 있도록 제도적으로 뒷받침한 미국 경제의 두 성장 수레바퀴를 주목할 필요가 있다. 대한민국 경제도 열정과 아이디어, 창의적 기술로 무장한 이들이 시장에서 충분한 보상을 이루고 그 성과가 일자리와 세금으로 우리 사회에 돌아오는 선순환을 만들어 내야 한다.

그러나 이런 혁신은 다양한 곳에서 사업의 시작과 확장이 막혀 있다. 관료의 규제 장벽 및 기존 사업자의 진입 장벽 및 독점 장벽이 그것이다. '카카오뱅크'는 카카오톡 초대와 공유 기능을 활용해 모임 회비를 관리할 수 있는 모임통장 서비스를 출시하는 데 금융 당국의 허가를 기다리느라 6개월의 시간을 소비했다. 관료들에게 개념을 설명하고 이해시키는 데 애를 먹었다고 한다. '고기가 아닌 고기', '식물성 고기'로 채식주의자 등 많은 소비자들에게 환영받고 있는 대체육 생산 기업 '지구인컴퍼니'는 기존 육류사업자들의 반발과 '식품 신소재의 품질관리 기준이 정립되지 않았다'는 식약처의 애매한 태도 때문에 식물성 고기 제품의 제품명에 '식물성고기', '대체육', '소고기' 등의 단어를 쓸 수 없다. 변화의 흐름이 막히고 혁신의 에너지가 말라버릴 우려가 우리 사회 곳곳에 널려 있는 것이다.

혁신의 고속도로를 뚫어야 한다. 세계 최고의 기업인 구글, 애플, 페이스북은 모두 혁신의 고속도로에서 시작했다. 관료의 도장 규제, 기존 사업자의 진입장벽 규제, 독점의 규제 등 3대 규제를 과감하게 넘어서는 일은 기존의 방식으로는 힘들다. 새로운 도전과 혁신의 에너지가 넘쳐나는 경제질서를 만드는 일에 정치가 보다 과감할 필요가 있다. 빛의 속도로 변화하는 시대에 낡은 방식의 접근은 사회 진보에 역행하는 일이다. 경제민주화와 혁신의 길이 다르지 않다는 점을 이해하는 정치인, 미국의 실리콘밸리처럼 대한민국 경제를 이끌어 나갈 혁신 먹거리산업을 육성하기 위해 노력하는 정치지도자가 필요하다. 다시 말하지만 삼성전자 같은 세계적 기업을 더 많이 만들기 위해서는 혁신의 길을 열어야 하고 나는 그 길을 뚫는 최선두의 정치인이 되고자 한다.

사회양극화 해소를 위한 보편증세와 복지사회의 길

———

공정과 혁신의 경제 기반을 만드는 일과 함께 한국 경제가 풀어야 할 또 하나의 숙제가 사회적 양극화 해소이다. 경제적 성장에 따른 불가피한 현상일 수 있지만 방치할 경우 심각한 사회적 갈등 요소가 된다. 양극화의 해소는 단순히 경제적 영역의 이슈가 아니다. 교육과 주거, 복지 등 사회 전반의 제도가 함께 작동되어야 격차 해소의 결과를 만들어 낼 수 있다. 경제 분야에서 독점적 사업자 등 시장 지배적 지위를 악용한 반칙과 갑질이 작동되지 않도록 가이드라인을 만들어야 한다. 그리하여 경쟁의 효율을 잃지 않으면서 시장 참여자의 능력이 최대한 발휘되어 그 성과를 온전하게 가져갈 수 있도록 해야 한다. 이 과정에서 자연스럽게 승자에게 경제적 부와 사회적 기회가 더 몰릴 수밖에 없다. 이 쏠림 현상을 사회적 재분배 과정에서 균형 잡는 일이 정치의 역할이자 기능이다. 조세 기능과 복지 제도를 통해 공동체의 기능을 살리기 위해 정치는 사회적 불만을 달래고 구성원들에게 최소한의 삶의 기반과 기회 균등을 제공하고 재도전의 발판도 마련해야 한다.

코로나 바이러스는 사람의 생명과 건강에 큰 위협이 된 것은 물론, 사람이 만드는 모든 것에 영향을 미쳤다. 비즈니스·문화·스포츠 등 모든 분야에서 사람의 집합과 교류를 단절시켰고 그것은 곧 경제 상황의 악화로 이어졌다. 수출대국인 대한민국으로서는 최대 위기였다. 그러나 디지털 강국, 5G 선도국가인 대한민국이 비대면 경제 국면에서 오히려 새로운 기회를 잡았다고 분석하는 전문가들이 많다. 경제·사회·문화의 일대 전환을 강제하는 코로나 국면이 일찍부터 스마트 기기 및 디지털 시스템에 친화적인 사회문화와 경제 시스템을 갖춘 대한민국에 가장 유리한 상황이라는 것이다. 벼랑 끝 잔가지를 붙잡고 매달린 줄 알았는데, 그것이 거대한 나무의 굵은 뿌리이고 이 위기를 잘 극복하면 그 거대한 나무를 타고 올라 우뚝 설 기회를 잡게 될 수도 있다.

그러나 이 기회를 통해 새롭게 구축할 경제 시스템은 이전과 달라야 한다. 한두 기업과 소수의 사람들이 모든 성과를 독차지해서는 안 된다. 기회의 균등과 재도전의 발판이 보장되는 경제·사회 시스템이 함께 가야 한다.

이를 위해 선두기업의 경쟁력을 더욱 강화시키되, 새로운 기업의 도전 기회를 보장할 수 있는 공정경쟁시스템을 경제 제도에 더 강화해야 한다. 국가 사회적 지원으로 얻어진 경제적 이득이 모든 사회구성원에게 제대로 돌아갈 수 있도록 조세 제도를 개선해야 하고, 탄소세와 데이터세의 도입과 기본소득 제도 도입 등 새로운 경제 개념의 사회적 합의를 만들어 사회적 활력을 높이고 재분배 기능을 강화해야 한다. 그래야 대한민국 국민들의 삶을 튼튼하게 하고 젊은 세대에게 도전과 혁신의 기회를 보장할 수 있다.

오래된 조세 제도를 조정·보완해 나가되 사회복지를 강화하기 위해 보편증세를 합의해 나가야 한다. 사회구성원들이 복지를, 혜택을 누리기 위해 조세 부담의 증가는 필연적이다. 대한민국의 담세율은 복지선진국들에 비해 여전히 낮은 수준이기 때문에 주택·의료·교육·사회서비스 분야에서의 점진적 복지 확대의 만족감을 높이면서 세금 부담도 함께 높이는 점진적 계획이 필요하다. 일각에서 말하는 국방비 삭감, 세출 구조조정과 절약, 핀셋 증세, 부자 증세 등은 증세 부담을 피하기 위한 장치일 뿐 근본적인 문제 해결이 아닌 만큼 정치지도자라면 책임 있는 자세로 사회적 합의를 끌어내야 한다.

교육과 노동의
획기적 변화

코로나가 드러낸 교육의 위기

———

코로나 1년, 가장 큰 충격을 받은 곳이 바로 교육현장이다. 코로나가 닥치면서 해방 이후 처음 겪어보는 위기와 변화가 매일같이 반복되었다. 학생들이 학교에 가지 못하면서 아이들은 교실이 아닌 인터넷 공간에서 선생님과 친구들을 만나 수업을 진행했다. 온라인 강의가 진행되면서 몇 가지 새로운 사실들이 드러났다. 현재의 교사들과 교육 시스템은 비대면 교육에 전혀 준비가 되지 않았다는 것이다. 동영상 수업을 지켜보던 학부모들의 '교육의 질'에 대한 의문과 '교사의 능력'에 대한 의심이 커졌다. 학생들의 집중력과 이해도를 높이기 위해 교실이라는 공간에서 젊은 교사들에 의해 시도되던 다양한 방식의 노력들이 비대면 온라인 강의 안에서는 무기력해졌다. 새로운 환경과 조건에 맞는 수업방식이 필요해 보였다. 사회성을 배우고 익히는 기능과 공간으로서의 학교는 더욱 절실하지만, 지금의 교육제도와 학교라는 기능이 과연 앞으로도 유지될 이유가 있는지 묻는 사람들도 생겨났다.

코로나 시대에 준비되지 못한 비대면 수업이 상황이 어려운 저소득층 자녀에게 더 큰 차별과 학력 격차를 가져온다는 점도 드러났다. 불평등을 완화하고 격차를 해소해야 하는 교육제도가 제 기능을 발휘하지 못하고 있다는 비판이 높았던 가운데, 코로나 위기로 오히려 사회적 격차를 더 키우는 문제가 확인된 것이다.

코로나 이전부터 있었던 '19세기 교육 시스템으로 20세기 교실에서 21세기 아이들을 가르친다'는 비판은 더 강해졌다. 현재의 교육 시스템은 국민국가가 형성되던 시절, 국가 운영에 필요한 '국민'을 형성하는 데 필요한 지식을 전달하고 인력을 양성하는 데 초점이 맞춰져 있다. 따라서 규율과 제도 습득, 사회 운영에 필요한 내용 위주의 교육이 행해졌다. 개인의 창의성보다는 집단을 유지하고 강화하기 위한 평균·중심지향적인 인간형이 요구되었던 것이다. 그러나 대한민국이 선도국가로서의 역할을 제대로 수행하기 위해서는 맞춤형 인간을 찍어내는 듯한 붕어빵 교육 시스템에서 벗어나야 한다.

상상도 할 수 없었던 '학교에 가지 않는' 시대가 코로나 위기로 인해 활짝 열린 상황에서 교육의 내용과 형식이 모두 다르게 변경되어야 할 것으로 보인다.

지금의 교원평가제도가 형식적이지는 않은지 살펴보고 교사의 능력과 수업에 대한 엄정한 평가와 지원을 확대해 공교육의 질을 향상시키고 경쟁력을 확보해야 한다. 그러기 위해서는 교육재정을 획기적으로 확보해야 한다. 스마트 교육기기가 학교와 학생들 손에 보급되어야 하고 교사 1명당 학생 수를 낮춰야 한다. 코로나 시대를 거치면서 우리 교육현장의 해묵은 문제들이 드러난 만큼 '교육혁명'의 마음가짐으로 많은 것을 뜯어고치고 바꿔야 한다. 언제까지 학생들에게 입시 위주의 교과목 중심 교육을 해야 하는지, 학교가 지식 전달 공간이 아니라 놀이와 실험의 공간, 아이들의 사회성 강화 기능이 더 확장되면 안 되는지 100년의 계획으로 검토해야 할 시기이다. '교육의 질은 교사의 질을 뛰어넘지 못한다'는 유명한 말이 있다. 교사의 열정과 능력이 교육의 질을 결정하며 더 나아가 아이들의 미래를 좌우한다. 무능하고 나태한 교사에게 아이들의 미래를 맡길 수 없고, 낡아빠진 교실에서 아이들의 꿈을 질식시킬 수 없다. 지금 혁명이 시작되어야 하는 곳이 바로 학교다.

유치원, 국공립대부터 무상교육 실시

———

부모의 재산과 사회적 지위와 상관없이 교육이 계층 이동의 사다리 역할을 할 수 있도록 대한민국 헌법은 '무상교육'을 보장하고 있다. 1949년에 제정된 '교육법'도 무상교육이라는 국가의 의무를 약속하고 있다. 국가 수립 초기에 이 무상교육을 제대로 시행할 수 없어 '사립학교'라는 이름으로 많은 부분을 민간 영역에 의존할 수밖에 없었고 상당한 기간 초등학교 수준에서만 겨우 무상교육을 실시하였다. 이제 국력이 감당할 수준이 되었고, 이미 초중등 교육과정은 무상교육이 갖춰진 만큼 유치원과 대학 교육과정에 대한 무상교육을 실시해야 한다. 이미 한 해에 사립유치원 지원을 위해서 2조 원 규모의 국가적 지원이 시행되고 있다. 사립대의 경우 1년에 6~7조 원 규모의 지원이 있지만 당장 전체 사립대의 무상교육이 어렵다면 국립대학교 전면 무상교육부터 순차적으로 도입해야 한다. 전문가들은 국립대의 경우 몇 가지 제도를 손보면 큰 부담 없이 무상교육 시행이 가능하다고 판단하고 있는데, 최근 내가 교육부로부터 받은 자료에 의하면 교육부는 국립대 무상교육에 7,551억 원, 유치원 무상교육에 3조 2,788억 원의 추가 비용이 들어갈 것으로 추산하고 있다. 국립대학교 39개교 40만 8,988명을 대상으로 하는 등록금 무상비용과, 사립유치원 및 어린이집 재원 유아에게 2020년도 표준 유아교육비 수준의 학비와 보육료를 지원하는 것을 전제로 한 비용이다. 더 구체적인 비용은 따져봐야겠지만 교육제도의 획기적 변경을 위해 우리 사회가 감당할 수 있을 만한 수준이다.

교육 영역에서의 국가무상의무교육 정책 시행은 무엇보다도 우선해서 국가 재정이 반영되어야 할 부분이다. 영유아 시기부터 고등교육 과정까지 국가의 책임을 분명히 하고 전체 교육과정을 최첨단화하여 교육개혁의 큰 방향을 잡아야 한다. 유아 교육에서 대학 교육까지의 무상교육 정책은 단지 교육 비용에 대한 무상 수준을 벗어나 교재 및 시설에 대한 과감한 지원을 포함해야 한다. 부모 재산이나 능력과 무관하게 교육 기회의 공정을 보장하려면 비대면 쌍방향 교육 가능한 시스템 구축은 물론 이를 활용할 스마트 교육기기의 무상 보급도 필요하다. 그러기 위해서는 과감한 교육예산의 투자가 필요하다. 교육에 투자하는 것이야말로 대한민국 미래에 투자하는 것이다. 교육 분야 짠돌이 국가의 미래가 밝을 수 없다.

사회를 바꿔야 입시 위주의 교육도 바꿀 수 있다

입시 위주의 교육제도에 대한 비판과 아이들이 행복하지 못한 대한민국에 대한 자성의 목소리가 높지만 국민들 스스로가 교육 문제의 악순환에서 벗어나지 못하는 이유는 '좋은 대학에 가야 좋은 직장에 가고 좋은 직장이 안정적인 삶을 보장한다'는 우리 사회의 현실을 너무나 잘 알고 있기 때문이다. 이러다 보니 학교 수업에 관심이 없고, 단순 지식 획득 경쟁에서 성과를 내지 못하는 학생들은 마치 인생의 패배자나 낙오자가 되는 것처럼 여겨지는 사회가 되었다.

따라서 우리 교육의 진정한 변화를 만들어가기 위해서는 우리 사회가 노동과 임금, 사회보장제도에서 획기적 변화를 동시에 만들어갈 수 있어야 한다. 사회가 달라져야 입시 위주의 교육현장이 달라진다.

아이들이 성적 위주의 학교 교육, 대학 입시 위주의 수렁에서 벗어나려면 대학 졸업장이 있든 없든, 그 졸업장이 어느 학교 어느 학과의 졸업장이든 자신이 원하는 일을 하면서 생계와 노후소득을 걱정하지 않는 사회가 되어야 한다. 나는 8시간 노동으로 충분한 소득을 얻고, 8시간 여가생활로 자아실현 및 인간다운 삶을 살고, 8시간의 휴식으로 재충전을 하는 '박용진의 8·8·8 사회'를 제안한다. 박용진이 주도한 '온국민행복정치연구소'의 로고도 바로 이 8·8·8 사회를 상징하고 있다. 국민행복의 기본이 바로 8·8·8 사회이고, 노동과 교육의 개혁이 국민행복의 출발점이다. 그러나 한국의 현실은 소수의 일자리에서만 이런 삶이 보장되고, 대부분의 임노동관계에서는 이런 이상적 삶을 보장받지 못한다. 정규직 일자리에서도 안정된 삶을 추구하기 어려운데, 비정규직 일자리가 노동시장의 절반을 넘어서기 시작했다. 비정규직은 물론이고 정규직 일자리를 통해서도 주거·의료·자녀 교육·노후가 제대로 보장받지 못하는 상황이다. 고도성장 시기에 직장 하나만 갖고 있어도 그것이 평생직장이었고 사회복지를 대신해줄 수 있었던 시기는 이제 끝났다. 회사가 모든 것을 보장해주던 '좋았던 시절'의 흔적은 공무원과 공기업, 그리고 일부 대기업에 남아 있을 뿐이다.

이제 대한민국은 한 청년이 식당에서 홀 서빙 아르바이트를 하더라도 그를 통해 일정한 소득과 4대 보험 혜택이 보장되는 것은 물론, 자신이 하고 싶은 일을 위해 시간을 투자할 수 있는 여건이 마련되는 사회로 변화해야 한다. 그가 대학을 갔든 안 갔든, 사회에 진출한 이후 자신이 꿈꾸는 일을 준비하기 위한 시간을 갖는 동안 생계의 불안이 없어야 한다. 그런 사회가 되어야 학교는 단순 지식 습득 공간이 아닌 미래를 선도할 창의성과 실험정신이 넘치는 인재를 키우는 기능을 갖춘 시스템으로 전환될 수 있고, 아이들이 행복한 사회를 만들 수 있다. 미래를 책임질 아이들이 행복하지 못한 사회는 희망이 없다.

낡은 노동법 개선, 노총의 사회적 책임

―――

디지털 산업이 발전하고, 4차 산업혁명의 시대가 산업현장에서 구체화되면서 이전에 없었던 다양한 형태의 일자리가 생겨나고 있다. 한국 사회는 전통적 산업 노동자들과 다양한 특수고용직 노동자들이 시장에서 함께 존재하고, 디지털 산업의 발전과 새로운 서비스 형태의 출현에 따라 다양한 플랫폼 노동자들이 나타나고 있다. 특수고용직 노동자들에 대한 법적·사회적 규정을 어떻게 정리해야 할지도 결정하지 못했는데 긱 노동(gig work)이라 불리는 초단시간 노동자들에 대한 규정을 둘러싼 논의도 해야 하는 복잡한 시대를 지나는 중이다.

'근로기준법을 준수하라'는 전태일의 외침이 여전히 유효한 노동자들이 존재하는 노동후진국 사회를 벗어나지 못하는 가운데, 다양한 노동 형태의 등장으로 '도대체 노동자의 정의는 무엇이냐?'는 논란의 상황까지 겹치고 있다. 노동시간, 임금 체계, 사회보장제도 재정비 등 복잡한 이해가 얽힌 다양한 문제가 존재한다.

우리 사회에서는 이런 문제에 대해 노사 간 당사자 합의뿐 아니라 사회적 합의를 만들어 내기 위한 노력이 오래전부터 있어 왔다. IMF 외환 위기 이후 김대중 정부에서 노사정위원회를 만들어 사회적 합의를 추진하기 시작했고 최근에 이를 확대 재편하여 '경제사회발전

노사정위원회'로 설치 운영하고 있다. 그러나 이런 사회적 합의기구의 설치 운영에도 불구하고 합의 수준이 높지 않고 민주노총 등 노동 진영의 반발도 만만치 않다. 노동시장 변화에 대한 면밀한 대응을 보여주지 못하고 제기되는 현안에 대응하기 급급한 실정이다.

무엇보다 우리 사회에서 노동법은 정부 수립 직후 만들어진 법률이라 시대적 변화를 제대로 반영하지 못하고 있다. 이에 대한 전면 개정을 심도 있게 조율하고 합의해야 한다. 70년 전쯤 만들어 놓은 법안은 오늘의 문제를 제대로 반영하지 못한 채 몸에 맞지 않는 옷처럼 시대의 발목을 잡는 오류를 범하고 있기 때문이다.

나는 이런 사회적 합의를 이뤄내기 위해 민주노총과 한국노총 등 노동단체의 책임을 촉구한다. 사회적 합의를 이뤄야 하는 장에서 마음에 들지 않으면 테이블을 박차고 나가는 무책임한 모습을 보여주는 것은 사회적 영향력과 정치적 파워를 스스로 버리는 일이다. 분명한 주장과 타협 가능한 선이 어디인지 설정하고 한 걸음씩 변화를 밀고 나아가야 한다. 그래야 정치권 내 우호 세력들이 보다 목소리를 낼 수 있다. 개별관계와 정치적 이해관계가 아니라 국가 전략적 차원에서 노동단체의 요구가 무엇인지, 양보할 수 없는 선이 어디인지 명확하게 제시하는 한편 선제적인 제도 변화 아이디어와 제안이 있어야 한다. 무엇보다도 산업현장에서의 노동자들의 보호를 위한 제도 도입, 사회보장제도의 강화, 정치적 영향력 확장을 위한 전략적 자세가 필요하다. 민주노총이나 한국노총이 대기업, 대공장, 공공기업 노동자 등 상대적으로 고임금, 고복지가 유지되는 노동자들을 중심으로 되어 있는 반면, 90% 가까운 노동자들이 노조조차 없는 후진적인 상황에 놓여 있는 상황을 타개하기 위한 제도 개선 노력에 힘을 기울여야 한다. 거대 노조 이기주의, '반대를 위한 반대'라는 프레임에 갇히는 순간 한국 사회의 미래 발전 방향을 설정하는 데 노동조합이 목소리를 낼 공간과 기회를 잃을 수밖에 없기 때문이다. 세계노동운동사가 보여주듯이 노동 세력이 사회적 합의 과정에서 전략적 유연성을 갖는 것은 언제나 현명한 일이다. 답을 가진 사람은 목소리가 작아도 힘이 넘치고, 답도 대책도 없는 사람은 목소리만 큰 법이다.

제아무리 훌륭한 노동조합도 사업장 밖의 일을 결정할 수 없다. 민주노총, 한국노총 차원의 전략적 노력으로 대한민국 미래를 위한 설계에서 노동자들의 꿈이 반영될 수 있어야 한다. 대한민국의 국민들이 어떤 일자리에서 일하든지 노동자로서의 권익과 보호를 취할 수 있고, 성실하게 일하면서 건강과 안전을 보장받으며, 자녀 교육의 안정과 내 집 마련의 소중한 꿈을 실현할 수 있도록 노력해야 한다. 정치권의 각성과 함께 두 노총이 분발해야 한다.

3

강한 안보·튼튼한 국방·
영리한 외교를 위한 발상의 전환

북핵 문제 해결이 최대 현안

군사와 안보 분야에서도 중요한 논의와 결정이 요구되고 있다. 대한민국 안보의 최대 위협은 북한과 북한이 보유한 핵무기이다. 북한의 핵무기가 궁극적으로 미국과의 협상용이든 자위용이든 관계없이 우리에게는 실존하는 최대 위협이며 핵무기로 무장한 적대적 세력에 대해 완벽한 안보 체계를 구축하지 않으면 안 된다.

군사적으로 북핵 문제를 다루기에 앞서 그동안 우리 정부는 외교적 노력을 기울여 왔다. 이미 낡은 틀이 되어 버렸지만 6자회담을 통한 북핵 프로그램 폐기와 북한 지원 및 안전 보장 문제를 맞교환

하는 방식을 추진해왔다. 그러나 결과는 실패였다. 북한은 결국 핵무기 개발에 성공했고 그것을 미국 본토에 대한 위협으로까지 성장시켰다. 한반도를 둘러싼 이해당사국들 사이에서의 협상 틀의 한계를 보여준 것이다.

결국 다자간 협상 틀 안에서 추진하던 미국과 북한의 양자 대화가 추진되었고, 트럼프와 김정은은 세 번의 만남을 진행했다. '실패한 정상회담이란 없다'는 오랜 외교가의 금언을 깨고 사실상 파국으로 끝난 하노이 회담과 미국의 정권 교체 이후에도 대화의 노력은 계속되고 있으며 한반도를 둘러싼 국제적 해법에서 주도권을 놓치지 않기 위한 문재인 대통령의 끈질긴 노력도 계속되고 있다.

중요한 것은 북미 간 직접 대화를 통한 북핵 문제의 원만한 해결을 이룰 때까지 대한민국이 주도적 역할을 해야 하고 군사적으로 완벽한 대북 억제력을 가져야 한다는 사실이다. 6자회담의 틀은 없어졌지만 외교안보상의 역량을 최대한 발휘하고 집중해서 우리에게 유리한 지형을 만들고 유리한 결과를 만들어 내야 할 것이다. 특히 북미 간의 최종적 합의가 이루어지더라도 대한민국의 동의를 얻도록 하는 것이 핵심이다. 그러기 위해서는 북한, 미국과 각각의 관계도 무게 있게 다뤄야 하고 영향력을 유지해야 하지만 어차피 북미 간 합의의 관련 당사국들 간 보장이 필요하기 때문에 중국·러시아·일본과의 외교 협력 관계를 잘 구축해 나가야 한다. 자칫 한반도 안보와 향후 국제질서에서의 지위를 만드는 중요한 합의에서 대한민국이 구경꾼으로 전락하는 우를 범해서는 안 된다. 1994년 제네바 합의는 북미 간 의미 있는 진전이었지만 대한민국은 무슨 합의가 어떻게 진행되고 있는지 미국 취재기자들에게 얻어들어야 할 만큼 소외되었던 쓰라린 기억이 있다. 다시는 그런 일이 반복되어서는 안 된다. 그러기 위해서는 우리가 갖고 있는 외교 역량에서 '친미 라인', '친중 라인', '친일 라인' 등을 구분하고 배척해서는 안 된다. 미국과 중국을 상대로 하는 외교 관계에서는 미국·중국과 친한 사람을, 일본과의 외교 관계에서는 일본 측에게 신뢰받는 사람을 우대하는 것이 맞다. 외교 실리주의 노선, 영리한 외교를 해야 한다는 말이다.

한국말 잘하고 한국 음식을 즐긴다는 미국 대사가 오면 우리도 친밀감을 느끼고, 김치를 좋아한다거나 한국 배우의 팬이라고 하는 일본 정치인에 대해서는 우호감을 갖는 것이 당연한 일이다. 역지사지, 입장을 바꿔 놓고 생각해보면 미국과 일본도 자국의 문화와 음식을 잘 알고, 친밀감을 느끼는 대한민국 외교관과 정치인에게 더 마음을 열기 마련이다. 안보 역량과 외교 역량을 강화하기 위해 있는 재주, 없는 재주를 다 끌어모아야 할 판에 구분하고 배척하는 일은 스스로의 역량을 갉아먹고 위기를 자초하는 일이다. 외교는 영리하게 해야 한다.

북한, 통일을 말하기 전에 '사이좋은 이웃'으로

———

남북관계에서 가장 신중하게 다뤄야 할 문제는 '통일' 문제이다. 그동안 대한민국은 북에 대한 적대적 태도를 갖든 우호적 태도를 갖든 '우리의 소원은 통일'이라는 입장을 유지해왔다. 김대중 정부는 남북합의서를 통해 '낮은 단계의 연방제'를 못 박아 넣어 통일된 한반도의 정부 구성에 대해 이야기했고, 박근혜 정부는 '통일대박론'이라는 이름으로 남북관계의 경제적 실익 문제를 '통일'이라는 단어와 연결하기도 했다.

그러나 현재의 남북관계에서 통일을 최우선 정책으로 두거나, 두는 척해야 하는 것은 일종의 '통일환상론'에 편승하는 정책이 될 뿐이다. 지금 대한민국이 북한과 가져야 할 태도는 당장 통일된 국가의 성격을 논의하는 것이 아니라 북한과 '예측 가능하고 합리적이며 지속적인 정상적 관계'를 수립하는 것이다.

군사적 긴장과 상호 비방은 정상적인 국가 관계에서 얼마든지 있을 수 있다. 중국, 일본과의 애증 관계가 좋은 예이다. 우리가 핵을 가진 중국과 군사적으로 갈등하고 무역관계에서 보복 조치도 주고받지만 그들과 다양한 대화 채널을 가지고 있다. 일본 또한 마찬가지로 많은 분야에서 갈등하고 다투지만, 양국의 국민들이 서로 오가고 결혼하고 취업하고 유학하고 공부하는 항상적인 관계가 유지된다. 남북관계에서도 이것이 목표여야 한다. 무책임하게 통일을 말하기 전에 상호 신뢰를 바탕으로 '사이좋은 이웃'이 되어야 한다는 것이다. 북한 땅에서 우리 국민들이 안전하게 머물면서 문화·스포츠·관광·비즈니스 등의 교류를 할 수 있고 북한 노동자들이 우리 땅 안에서 일하고 돈을 벌어갈 수 있는 지극히 '평범한 관계'가 우리의 목표여야 한다. 정부의 목표가 달라지고 분명해지면, 남북관계에서의 정책과 태도가 달라질 것이고 그것이 남북관계의 긍정적 변화를 가져올 것이다.

문재인 대통령도 6·25전쟁 70주년 기념사에서 북한을 향해 '우리의 체제를 북한에 강요할 생각이 없다'며 '통일을 말하기 이전에 먼저 사이좋은 이웃이 되길 바란다'고 말했다. 남북관계의 안정과 신뢰 구축을 위해서도 통일을 당장의 목표로 언급하는 것이 아니라 우리가 가야 할 잠정적인 목표로 두되 '사이좋은 이웃'으로서의 북한과의 관계를 구축하는 일에 총력을 기울여야 할 것이다.

'모병제 전환'과 '남녀평등복무제'로 정예강군 육성

———

휴전협정이 정전협정으로, 항구적인 평화협정으로 전환하여 남북 간의 긴장 관계가 완화되고 정상적인 '사이좋은 이웃'이 되고 나면 대한민국의 국방력을 지금보다 축소해도 될까? 그렇지 않다. 강력한 군사대국인 주변 국가들과 다양한 외교·안보 갈등 사안이 발생할 수 있는 상황에서 군사력의 일정한 유지는 외교 안보상의 중요한 축이 될 수밖에 없다. 중국, 러시아, 일본과 국경을 맞대고 있는 우리가 최소한의 방위 능력, 보복 능력을 보유하는 것이 대등한 외교 관계의 시작이고 다자간 안보보장관계를 구축할 때도 필요한 요소이다. 남북 간 평화 관계가 구축되면 국방비를 삭감하여 복지비로 돌리자고 하는 것은 우리의 안보 문제가 북한 변수 하나만 있다고 생각하는 좁은 해석이다. 강한 국방력이 평화 유지의 강력한 뒷받침이다.

여기에 미국과의 관계도 중요한 고려 대상이다. 미래의 어느 시점에서는 한미안보동맹의 성격 전환도 중요하게 논의되어야 하겠지만 당장은 양국의 협의와 역할의 합리적 조정 논의 속에서 방위비 분담, 한국군의 능력 향상 등 다뤄야 할 군사안보 사항이 적지 않다.

이와 함께 병역제도에 대한 중장기적 제도 변화도 검토해야 한다. 현재 대한민국은 의무병제를 기반으로 군대를 유지하는 징병제를 실시하고 있지만 군 무기 체계의 첨단화와 인구 감소 등의 이유를 들어 모병제가 거론되고 있다. 다른 한편으로 남성들만의 병역 의무를 여성에게도 부여하는 여성징병제도 검토되고 있다.

KBS가 의뢰해 2020년 9월에 실시한 여론조사에서 우리 국민은 모병제 도입에 61.5%가 찬성하는 것으로 나타났다. 반대 의견은 28.8%였다. 전 연령에서 찬성이 높았고 30대와 40대에서는 압도적이었다. 눈에 띄는 것은 여성징병제 도입에 대해서도 찬성이 52.8%로, 반대 35.4%보다 17.4%나 높게 나타났다는 점이다.

우리나라의 국민 병역제도를 변경하면서 이스라엘, 스웨덴, 스위스 등 외국의 사례를 잘 검토할 필요가 있다. 이스라엘은 남녀 모두가 2~3년의 의무 복무를 해야 하는 병역제도를 도입하고 있고 예비군제도 실시하고 있다. 적대국에게 둘러싸인 안보상 이유가 가장 크게 작용한다. 스웨덴은 징병제를 원칙으로 남녀 모두 징집 대상이지만 의무복무기간은 9~11개월로 짧은 편이며 예비군제도를 운영하고 있다. 이스라엘에 비해 징집 제외 사유의 다양한 인정으로 국민의 선택권이 강한 편이다. 스위스는 온 국민이 단기간 군사훈련에 의무적으로 참여하고 유사시 군대에 소집되는 병역제도를 운영하고 있다. 9개월의 훈련 기간 이후 개인 총기와 장비를 가지고 제대한다. 그럼에도 불구하고 스위스에서는 총기 사고가 그다지 일어나지 않는다. 군 제대 이후 총기 관리가 엄격한 탓이다.

나는 현행 병역제도를 '모병제'로 전환해 지원 자원을 중심으로 군대를 유지하되 온 국민이 남녀불문 40~100일 정도의 기초군사훈련을 의무적으로 받는 혼합병역제도인 '남녀평등복무제'를 도입할 것을 제안한다. 모병제와 남녀평등복무제를 기반으로 최첨단 무기 체계와 전투 수행능력 예비군의 양성을 축으로 하는 정예강군 육성을 추진하는 것이다.

의무병제를 유지하되 의무복무기간을 획기적으로 줄여 청년세대의 경력 단절 충격을 줄이고 사회적 에너지 낭비도 막을 수 있다. 여성의 군복무를 통해 의무복무기간은 대폭 줄이되 병역 대상은 넓히는 것이다. 이 제도는 일정 나이까지 연간 일정 기간의 재훈련을 받는 예비군제도를 결합해 의무병제를 기반으로 하고 모병제를 주축으로 군대를 유지하는 새로운 병역제도이다. 온 국민이 국가비상사태 시 군인으로 소집될 수 있는 방안으로 대규모 군대를 상비군으로 유지할 때 들어가는 비용은 줄일 수 있으면서도 강력하게 군사력을 뒷받침하는 제도가 될 수 있다. 사회적으로 병역가산점 제도를 둘러싼 불필요한 남녀 차별 논란을 종식시킬 수도 있고, 병역 의무 면제 및 회피를 둘러싼 사회적 갈등도 줄일 수 있다.

미중 갈등에 대한 전략적 대응 필요
———

대한민국의 안보 전략에서 매우 중요한 사항은 미국과 중국의 갈등이 첨예화되는 시기에 어떤 선택과 판단을 할 것인가 하는 부분이다. 이미 미중 갈등은 국제적 긴장과 변동을 가져오고 있고 단기간에 끝날 사안이 아니다. 길게는 양국 중 한쪽이 확실한 우위를 점하게 되는 향후 20년 동안 계속될 것이고 우리는 양측에서 매우 날카롭게 선택을 강요당할 가능성이 높다.

흔히들 지금의 미중 갈등 국면을 조선시대 명청교체기에 비교하면서 청나라 격의 신흥 패권국가인 중국과 더 긴밀한 관계를 가져야 한다는 주장이 있지만 역사적 사례는 이미 지난 일이니 판단이나 주장이 쉬울 뿐이다. 당시의 상황에서 명나라와의 관계보다 청나라와의 관계를 우선할 경우 너무 잃는 것이 많았을 것이고 지나친 모험주의적 판단으로 비판받았을 것이다. 단순히 명나라에 대한 재조지은(再造之恩)과 사대주의적 판단이었다고만 치부할 수 없다는 말이다. 오늘날에도 미국과 중국 중 어느 편에 서야 우리에게 유리한 것인지 알기 어렵고 과연 어느 한쪽을 선택하는 것만이 정답인지조차도 불분명하다. 우리의 국력과 국제적 조건을 면밀하게 살피면서 심사숙고해야 할 일이다.

다만 이 문제에 대해서 대한민국의 지도자들이 진영을 떠나 고민을 거듭하고 20년 뒤를 내다보는 중장기적 전략을 세워야 한다는 점은 분명하다. 5년마다 바뀌는 대통령과 그 집권세력의 판단에 따라 전략이 계속 변경되어서는 죽도 밥도 안 되는 상황을 초래할 위험이 있다. 정부가 주도하되 민간 역량의 우수한 외교·안보 자원들도 참여하는 전략단위구성이 필요하다. 대한민국의 모든 외교·안보 역량이 진영과 정당을 뛰어넘는 '전략 수립 검토 단위'를 구성해 체계적으로 대응 계획을 만들어 가야 한다.

4

환경과 미래를 위한
에너지 정책의 전환

전기료 인상 등 고통분담은 불가피

———

문재인 대통령은 2021년 예산안 국회 시정연설에서 2050년 탄소중립선언을 했다. 유럽연합 중심의 선진국들이 탄소중립국 선언을 하면서 우리도 하루빨리 탄소중립 선언을 해야 한다는 압박이 진행되고 있었고, 국내에서는 산업은행 등 국책은행과 KB 등 시중은행 및 금융회사들이 석탄화력발전에 대한 투자를 중단하겠다는 탈석탄 선언이 줄을 잇고 있던 시점이었기에 많은 호응과 박수를 받았다.

대부분의 국민들은 정부가 세운 탈석탄-탈원전의 에너지 전환 전략의 장기적 방향에 동의하고 있다. 우리나라가 깨끗하고 안전한 에너지 국가가 되는 것이 미래를 위한 바람직한 선택이라고 생각한다. 그렇기 때문에 정부는 두 가지 측면에서 국민들에게 설명하고 설득해야 할 일이 있다.

첫째, 2050 탄소중립을 이루고, 탈원전 정책을 지속하기 위해서는 상당 기간 국민들이 목표를 달성하기 위한 고통을 분담할 수밖에 없다는 사실을 설명해야 한다는 것이다. 밝은 미래를 구체적으로 그려 주는 일도 중요하지만 그렇게 하기 위해서는 기술발전을 통해 재생에너지 생산단가가 확고히 낮춰지기 전까지 전기료 인상이 불가피하다는 사실을 설득해야 한다. 구체적으로는 2050년까지 해마다 얼마의 전기료 인상을 부담해야 할 것인지, 그로 인해 탄소발생량은 얼마나 줄어들 것인지 계획표가 있어야 한다. 생활 속에서 전기 사용량을 줄이기 위한 공동행동에 나서야 하고, 각 가정마다 건물마다 에너지 절약과 자립을 만들어 내기 위한 세심한 노력이 필요하다는 점을 알리고 정책적으로 국민 참여를 유도해 나가야 한다. 부담하는 만큼 개선되고 좋아지는 만큼 참여해야 한다는 사실을 국민들이 이해하고 있어야 한다. 밝은 미래는 응원의 박수만이 아니라 고통과 인내의 땀방울로 만들어진다.

에너지 전략과 산업재편 전략

둘째, 에너지 전환 정책이 산업전략 및 무역전략과 직결되는 문제, 즉 대한민국의 미래성장전략과 직결되어 있는 일임을 설명하고 산업재편전략과 연계해 나가야 한다.

대한민국의 주력산업인 반도체·배터리·자동차 등은 대표적인 대량 전력소비 산업이다. 앞으로 집중육성하겠다는 클라우드·자율주행·AI 등도 전력산업 재편 및 재생에너지 신기술 개발과 떼놓고 볼 수 없는 분야이다. 전력산업 정책과 산업재편 전략을 동시에 테이블에 올려놓고 촘촘하게 계획을 세워 나가야 한다.

미국과 유럽의 일부 기업과 국가들이 회사 간 거래와 국가 간 무역에서 탄소발생량과 비즈니스를 연계하려는 움직임을 보이고 있다. 유럽연합에서 추진 중인 '탄소국경세'가 미국을 비롯한 더 많은 선진국가들에 도입될 가능성이 있다. 이산화탄소를 많이 배출해 생산하는 제품에 관세를 매기겠다는 것이다. 일찍이 우리는 반인권적 노동 국가에서 생산하는 부품을 거부하거나, 무역제재를 가하려는 국제적 움직임을 보았고 비산업적 이슈들로 무역장벽을 쌓는 일도 경험했다.

'RE100' 즉 'Renewable Energy 100'은 재생 가능한 에너지 100%를 의미한다. 기업의 생산활동에 필요한 에너지의 100%를 태양광과 풍력 등 재생 가능한 에너지로 충족시키겠다는 자발적인 캠페인이다. 2019년 7월 기준 구글, 애플, BMW 등 유명 글로벌기업 포함 전 세계 185개 기업이 RE100에 동참하고 있고, 일부 기업들이 현실적으로 이를 실행하는 데 어려움을 겪고 있음에도 불구하고 이 흐름은 소비자들의 인식 변화와 맞물려 정비례로 강화되고 있다. 소비자들 역시 고가이더라도 공정무역 제품을 쓰는 '착한 소비'를 경험한 바 있어서 RE100 인증 생산품을 쓰는 새로운 소비 풍토가 생길 것이고, 이것은 생산자들의 에너지 정책도 바꿔 놓을 것이다.

따라서 반도체·배터리·자동차 등을 생산하는 국내 기업들이 이런 변화에 미리 준비하지 못하면 앞으로 많은 어려움을 겪을 수 있다. 소비자들의 압박뿐 아니라 해외 RE100 참여 기업이 '재생에너지를 100% 사용해 만든 제품을 납품하라'는 압력을 넣기 시작하고 국가가 이를 무역장벽으로 활용하게 될 경우, 한국 경제의 근간인 수출에서 타격이 예상된다.

기후에너지 정책을 단순히 환경보호라는 도덕적 차원의 문제가 아니라 미래성장전략으로 이해하고 국가 차원의 대책과 국민적 이해가 형성되어야 하는 이유이다.

4장

정치가 바뀌어야 세상이 바뀐다

1
정치의
힘과 기능

대중의 '욕망'과 정치인의 '열정'

———

　정치는 세상을 바꾸는 직업이고, 정치인은 변화라는 정과 망치로 세상을 조각하는 인내로 무장한 예술가여야 한다. 그렇기 때문에 정치는 세상을 어떻게 바꿀 것인지, 어느 정도의 속도로 어떤 방향으로 갈 것인지를 두고 갈등하고 조정하고 합의하여 결과를 만들어 가는 과정이기도 하다.

　따라서 정치가 갈등을 드러내고 사회집단 각각의 이해와 요구를 명확하게 하는 것도 중요하지만 거기에만 그치면 정치의 중요한 기능을 잃게 된다. 갈등 지점이 명확해야 타협 지점이 분명해질 수 있기 때문에 사회적 갈등은 정치의 시작이다. 그러나 문제 해결을 위해 더 나아가지 않는다면 정치의 최종적 기능이 작동되지 못하는 최악의 상황이 되고 마는 것이다.

권력 추구에만 힘 쏟는 정치, 싸우기만 하는 정치, 진영으로 나뉘어 자기 지지층에게만 호소하는 정치는 궁극적으로 정치가 아니라 소모적 정쟁에 불과하다. 정치를 빙자한 무책임한 권력의지의 자기실현일 뿐이다.

정치가 세상을 바꾸는 일을 하는 것이라고 할 때 그것이 의미하는 것은 두 가지이다. 하나는 세상이 바뀌기를 바라는 대중의 '욕망', 다른 하나는 자기 비전과 이상을 실현하기 위해 세상을 변화시키고 싶은 정치인의 '열정'이다. 혁명이든 개혁이든 그것의 성공은 들끓는 대중의 욕망과 그에 합당한 이상을 갖춘 정치지도자의 열정이 성공적으로 결합했을 때 가능했다.

세상이 바뀌기를 바라는 대중은 지금의 사회적 상황과 사회적 균형이 불편하고 불만족스러운 사람들일 것이다. 지금의 상태가 만족스러운 사람들은 세상이 달라지기를 바랄 이유가 없다. 현재의 상황이 자신에게 정의롭고 행복하다고 느끼는 사람들은 기득권 주류집단이다. 그들은 지금의 질서가 지속되기를 바라지, 변화가 생기는 것을 원하지 않는다. 그러므로 세상이 바뀌기를 바라는 사람은 돈없고, 힘없고, 빽 없는 사회 비주류, 비기득권인 다수 대중이며 이들의 불만과 불평이 사회 변화의 원동력이 되기도 한다. 미국의 인종 차별 철폐를 위한 운동이 그랬고, 한국의 민주주의 투쟁이 그랬다. 세계 곳곳에 대중의 변화에 대한 욕망이 세상을 바꾼 역사적 사례가 가득하다.

정치지도자의 비전이 세상을 바꾸는 힘

또 다른 세상의 변화는 정치인의 자기 비전 실현의 과정에서 나타난다. 세종대왕은 조선의 왕인 자신은 물론 지배계층 또한 아무런 불편을 느끼지 않음에도 불구하고, 백성의 불편을 덜어주겠다는 마음으로 한글 창제라는 엄청난 일을 해냈다.

박정희 대통령은 모두가 반대하는 경부고속도로 건설을 밀어붙여 수출입국의 산업화 기반을 닦았다. 한 해 예산이 2,200억에 불과했던 1968년에, 430억가량의 건설비용을 들여 경부고속도로를 닦겠다는 박정희의 발상 자체에 국민적 반대와 정치적 논란이 컸다. 그것보다 우선해야 하는 정책이 많은데 겨우 수천 대의 자동차 다닐 길을 만들 이유가 뭐냐는 반대는 합리적이기도 했다. 그러나 인구와 경제의 밀집 지역인 서울과 수출 물류 항구도시인 부산을 잇는 도로 기반이 완성되지 않았더라면 10년 뒤 산업과 무역의 변화를 대비하지 못했을 것이다.

　초고속인터넷 고속도로 기반을 닦아 오늘날 대한민국이 IT 선도국가로 존재할 수 있게 한 김대중 대통령의 정책적 선택은 당시에도 오늘날에도 놀라운 것이다. 그가 초고속인터넷망을 깔겠다고 선언하던 시점의 대한민국 1년 예산은 70조 2천억 원이었다. 그때 정부에서 향후 10년 동안 80조 원의 사업비를 투자하겠다고 발표했으니 당시 1년 예산을 훌쩍 뛰어넘는 사업비를 투자하겠다는 뜻이었다. 2021년 대한민국 예산이 558조 원 수준이니 요즘으로 치면 600조 원이 넘는 돈을 쏟아붓는 엄청난 사업을 하겠다는 것이다. 입이 쩍 벌어질 일이다. 그러나 그 덕에 지금 대한민국이 어떻게 되었는가? IT 기반 산업이 한국 경제의 핵심이 되었고, 대한민국은 5G 선도국가이자 전 세계 정보통신기술 기반 제품의 시장 반응을 체크하는 첫 출시국가이기도 하다. 그 많은 돈을 들여서 애들 게임이나 하게 만들겠다는 거냐며 비아냥을 들었지만 그런 말을 했던 사람들 중 누구도 엔씨소프트, 넷마블 등의 게임업체들이 한국 기업의 시가총액 순위 판도를 바꾸게 될 것이라는 사실을 상상조차 하지 못했다.

　세종대왕의 의지가 우리 민족의 운명을 바꾸었고, 박정희·김대중 대통령의 비전과 결심이 대한민국 산업과 국가 발전의 고속도로를 닦았다. 정치인의 비전은 그렇게 세상을 바꾼다.

사회구조와 현실이 불공정하고 부당하다고 느끼는 다수 대중의 불만이 사회 변화의 동력이 되고 정치지도자의 비전이 세상을 바꾸는 힘이 된다고 할 때, 이 둘이 만나고 융합하는 곳이 바로 정치의 장이다. 이 두 힘이 만나고 융합될 때 세상이 보다 나아지고 달라지는 것이다. 그래서 대중의 사회 변화를 원하는 에너지는 제대로 된 생각과 자세를 갖춘 지도자를 만나야 하고, 정치인은 세상의 변화를 선도할 시대정신에 민감해야 한다.

'영도자' 리더십은 더이상 통하지 않는다

돌이켜보면 각 시기마다 국가 지도자의 업적은 빛나지만 지금 대한민국은 그들이 통치하던 시절과 전혀 다른 나라가 되었다. 국가 예산과 인구수, 무역 규모 등으로 단순히 비교해도 과거에는 상상도 할 수 없을 만큼 대한민국은 크게 성장했다. 이렇게 큰 나라를 '민족의 영도자' 혼자서 끌고 나갈 수는 없다. 어떤 시스템의 정치 체제가 들어서더라도 최종적 선택을 해야 하는 사람의 중요성은 변함없겠지만 모두가 그 한 사람만을 바라보는 시스템으로는 대한민국이라는 거대한 나라를 발전적으로 끌고 가지 못한다. 온갖 이해가 충돌하고 매일같이 숱한 사건이 벌어지는 나라를 1인 결정 시스템으로 책임지기란 무리이다.

이승만 정권 시절에는 '반일'과 '반공'으로 정권의 지향과 국민적 요구를 묶어세우려 했고, 박정희 정권은 '잘살아보자'는 구호를 앞세워 장기집권에 대한 반발을 먹고사는 문제의 '해결자'라는 자기 규정을 했다. 그리고 그런 호소가 국민들에게 통하기도 했다.

그러나 지금 대한민국은 수많은 이해와 요구가 충돌하고, 온갖 사건이 난무하며, 어지러울 정도로 국제관계가 소용돌이치는 나라이다. 대통령 혼자서 카리스마 넘치는 영도력을 발휘해서 문제를 해결할 수 있는 것도 아니고, 정부 관료들이 용을 쓴다고 국민들이 움직이지도 않는다. 언론이 제멋대로 사실을 왜곡해도 정보통신기술의 발달로 누구나 쉽게 사실을 파악해 거대 언론의 횡포에 맞설 수 있다. 다양해진 사회적 구조와 복잡한 이해관계가 엉켜 있는 사회에 걸맞은 사회적 변화가 있어야 한다. 이 변화를 이끌어야 하는 정치가 여전히 과거의 틀에 갇혀 있고 변화를 선도하기는커녕 변화의 발목을 잡는다.

많은 것이 달라져야 하는 대한민국이지만, 먼저 정치가 변해야 세상이 바뀐다.

정치는 할리우드 영화와 다르다

───

정치는 전쟁을 대신해 사회 갈등을 조정하는 역할을 한다. 따라서 상대를 어떻게든 요리하고 움직이게 해서 자기에게 유리한 합의 결과를 이끌어 낼 수 있다. 상대를 해치거나 아무것도 합의하지 못하는 파국을 만드는 것은 정치의 실패를 의미할 뿐이다.

현실정치에서 가장 위험한 일은 상대를 할리우드 영화에서처럼 악당으로 규정하고 악마화하는 일이다. 영화에서는 그런 악당과 악마들을 깔끔하게 해치우는 영웅이 나타나고 행복한 결말을 맞이하지만 현실에서는 그렇지 않다. 상대를 해치워야 할 악당과 악마로 규정하면 내가 영웅이 되는 것이 아니라 그들과 끝도 없는 무한정쟁의 늪으로 빠져들게 된다.

국민들이 비싼 세금을 내고 직업적 정치인들을 선출하고 월급 주고 활동을 위한 제반 시스템을 제공하는 것은 현실 변화를 위해서 어떻게든 합의를 이끌어 내고 결과를 제출하라는 것이지 정치인들끼리 주고받는 정쟁을 구경하자는 것이 아니다. 쉼 없이 제기되는 사회적 과제, 외국과의 갈등, 이익집단 간의 충돌을 해소하기 위해 정치인들이 끝없이 움직이고 조정해서 조금이나마 공동체에 이익이 되는 결정을 만들어야 국민들이 정치에 대해 만족감을 느낄 수 있다. 그러나 입으로는 국민을 위한 정치를 한다고 하면서 아무런 성과도 내지 못한 채 상대를 영화 속 악마로 규정하려는 입씨름만 반복하고 있다. 이런 정치에 국민들은 신물이 날 수밖에 없다.

늘 역동적이어야 하고, 늘 미래지향적이어야 할 정치의 힘과 기능이 대한민국 정치판에서 과연 제대로 작동하고 있는가 하는 물음에 모두가 부정적이다. 대한민국 정치는 상호적대적이며, 갈등유발적 기능만 강조되어 문제를 해결하고 결과를 만드는 본질적 기능이 제대로 작동하지 못하고 있다. 국민들의 불만과 불평이 제도의 변화와 법의 개정으로 수렴되지 못하고 있고 정치지도자들은 국가 공동체가 나아갈 방향과 비전을 제대로 제시하지 못하고 있다. 30년 미래를 내다보고 20년 계획을 수립하고 10년의 실행을 만들어 가는 집단적 리더십을 발휘하지 못하는 것이다. 오늘날 대한민국 정치의 안타까운 단면이다.

정치는 시소게임

문희상 전 국회의장이 '정치는 시소게임과 같다'는 말을 한 적이 있다. 시소게임은 서로 오르락내리락하면서 노는 놀이 기구인데, 내가 몸무게가 더 많이 나간다고 해서 힘을 실어봤자 땅바닥 처지를 못 벗어나는 것처럼 정치에서도 상대를 일방적으로 밀어붙이고 내 마음대로 한다고 해서 좋을 게 없다는 뜻이다.

정치는 서로 손해를 보는 것 같아도 양쪽이 부족하나마 자기 뜻을 조금씩 관철시켜야 모두에게 득이 되는 게임이다. 일방주의를 채택하고 밀고 가봐야 정치의 공간을 같이 구성한 공동체 전체에 불이익을 안길 뿐이고, 단결과 통합을 이루어야 하는 공동체에 분열만 가져온다.

결국 정치는 어떻게, 어떤 수준으로 합의를 만들어 낼 것인가가 핵심과제이다. 정치 공간에서 사회 갈등을 더 부각시키고 쟁점을 만들고 논란을 키우는 이유는 그 자체를 목표로 하는 것이 아니라, 그래야 우선적으로 상대적 약자들에게 논의를 집중해 합의를 만들어 내고 변화를 만들어 갈 수 있기 때문이다.

사회적 약자들이나 소수자 집단들이 집회와 1인 시위, 기자회견 등을 통해 목소리를 높이는 이유도, 야당이 국회 논의 거부, 장외투쟁, 단식과 삭발 등의 과격한 행동을 하는 이유도 자신들의 의제와 요구를 관철시키려는 움직임이지 파국을 만들겠다는 뜻은 아니다. 따라서 시소게임에서 몸무게가 많이 나가는 사람처럼 국회 다수파, 혹은 집권 여당은 어떻게든 이런 소수의 목소리를 합의에 담아내고 변화를 선도하는 결과를 만들어 내야 한다.

그런 의미에서 2016년 당시 여당의 이정현 당대표가 국회에서 단식을 하고 국정감사를 거부하는 등의 행동을 하면서 야당 출신 국회의장의 정치 중립을 요구한 것은 납득하기 어려운 일이었다. 합의를 주도하고 결과를 만들어 국정을 운영하고 책임져야 할 여당이 오히려 무책임한 태도를 보였기 때문이다. 어쩌면 당시 여당의 그런 태도가 대통령의 탄핵을 가져오고 대선과 총선, 지방선거에서 연달아 패배할 수밖에 없는 원인이었을지도 모른다.

정치에서는 어떤 행동이든 합의를 만들어 내기 위해 동원될 때 의미가 있는 것이지, 무책임한 태도로 비치게 되면 국민들의 선택도 냉정해질 수밖에 없다. 힘이 약한 쪽도 최선을 다해 합의를 이뤄낼 때 국민들의 박수가 있고 존재의 의미가 있는 것이지 자기 의무를 내팽개치면 그들 역시 국민들에게 버림받는다. 시소게임에서 힘을 가졌다고 상대를 눌러대기만 하는 쪽은 욕을 먹지만, 아예 시소 놀이 기구에서 내려와 가 버리는 행동을 한 사람에게 다시 돌아와 앉을 자리는 없다.

정치는 공동체를 운영하면서 필연적으로 생겨나는 갈등을 실질적으로 중재하고 조정해서 미래를 위한 결과를 만드는 기능을 가져야 한다. 정치집단이 오로지 갈등 자체를 만들고 유지하려고만 하는 것은 시민사회가 정치에 부여한 자기 기능을 부정하는 일이다. 그렇게 되는 순간 공동체에서 가장 쓸모없는 기능이자 집단으로 전락하고 만다. 공동체의 모든 구성원이 각자 무언가를 생산하고 이바지하면서 공동체의 유지와 발전에 보탬이 되는 마당에 정치집단이 자기 기

능을 망각하는 순간 정치집단 자체가 존재할 이유가 없어지기 때문
이다.

2
분권,
나누어야 더 커지는 정치

국회 역할과 기능의 강화

현행 정치 체제의 문제가 권력이 집중되어 생겨나는 것이라면 책임과 권력을 나누는 분권을 통해 문제를 해결해 나가야 한다. 먼저, 정치의 중심이 청와대 중심에서 벗어나 국회와 내각으로 조금씩 분산되어야 한다. 어렵게 대통령이 된 사람과 사력을 다해 그를 당선시킨 주변 측근들로서는 많은 결정권한을 내려놓는 것이 억울할 수도 있겠지만 넓은 의미에서 보면 그것이 청와대도 제 기능을 할 수 있는 지름길이다.

우선 국회가 청와대의 인사 권한과 국가의 중요 사항에 대한 결정

권한에 대해 제대로 된 견제와 감시를 할 수 있으려면 감사원의 기능을 국회로 옮겨야 한다. 감사원은 국가의 세입·세출을 결산하고 국가 및 법률이 정한 단체의 회계검사와 행정기관 및 공무원의 직무에 관한 감찰을 하기 위하여 헌법에 의해 설치된 대통령 직속 정부기관이다. 감사원이 대통령 직속기관이고 감사원장은 대통령이 국회 동의 절차를 거쳐 임명하지만 독립적 성격이 있어, 대통령 직속으로 두나 국회 소속으로 두나 기능의 차이는 없다. 다만 국회가 행정부를 견제하고 감시하는 기능을 함에 있어 감사원의 기능을 국회로 옮겨 두는 것이 훨씬 효율적이고 국가기관의 성격에 적합하다. 대통령이 정부 각 부처의 행정 기능과 관련해 일종의 암행단속 권한을 가진 감사원을 국회로 넘겨주는 것이 대통령 권한의 엄청난 축소일지 모르지만 삼권분립 정신에도 맞고 국회의 기능 강화에도 적절한 조치이다. 국회가 1년 내내 상시 국감 체제로 행정부를 감시하고 견제할 수 없기 때문에 감사원에서 필요한 감사를 진행하고 이를 국회에 보고하는 체계가 마련된다면 국민들은 국가 예산이나 정부 행정 사무에 대한 보다 효율적인 감시 효과를 느끼게 될 것이다.

국회 기능을 강화하기 위해 필요한 일이 인사청문회 대상의 확대이다. 지금은 국무위원급에 대한 청문회만 실시되고 있지만 차관급으로 확대할 필요가 있다. 장관 못지않게 중요한 역할을 하는 차관에 대해서 국회가 청문회를 통해 검증하고, 국민들에게 해당 차관이 어떤 정책적·철학적 능력과 비전을 갖췄는지 검증하는 것은 중요한 일이다. 뒤에서 다시 설명하겠지만 정무차관제 등을 도입하려면 국회에서 차관에 대해 인사청문회를 진행하는 것은 필수적이다. 미국의 경우 각국 대사를 임명하는 데도 의회 청문회를 거친다. 대통령 중심제를 유지하는 한 대통령의 인사권한은 보장되더라도 국회를 통한 인사 검증기능도 대상을 확대해 실질적으로 보장될 필요가 있다. 제왕적 대통령이라고 지칭될 정도로 막강한 권한을 갖고 있는 대통령으로서는 이 역시 엄청난 간섭으로 생각될 수밖에 없지만 대통령이 좀 불편하더라도 국가적 효율은 높아질 것이다.

일상적인 국정운영은 행정부가 맡는 것이 효율적

———

정치 권력의 분산이 이루어지려면 대한민국 정치에서 큰 비중을 차지하지 못하는 행정부의 역할이 좀 더 커질 필요가 있다. 청와대가 행정 각 부처를 완벽하게 장악하고 있기 때문에 중요한 정책적 제안과 결정이 청와대에서 이루어지고 이를 뒷받침하기 위한 행정적 보완을 부처에서 실행한다. 일사불란한 행정 집행을 위해서 청와대의 지휘권이 필요할 수도 있지만 각 부처의 자율성과 전문성이 더 잘 발휘되고 책임감이 부여되는 것이 좋다. 정말 중요한 국가적 분야에만 대통령과 청와대가 집중하고 일상적인 국정운영은 총리를 중심으로 하는 행정부가 맡는 것이 효율적이다.

헌법에는 총리의 국무위원 제청과 해임 요청 등의 권한이 보장되어 있고, 대통령을 보좌하며 행정에 관하여 대통령의 명을 받아 행정 각부를 통할한다고 명시되어 있다. 헌법적으로는 '일인지하 만인지상'의 지위가 공고히 보장된 것이다. 그러나 대한민국 국무총리는 '대독총리', '허수아비총리' 등의 표현으로 사실상 유명무실한 존재임을 지적받아 왔다. 청와대에서 모든 행정부처를 직접 관할하다 보니 현실에서 총리가 할 일이란 존재하지 않으며, 각 부처의 장인 장관들 역시 임명과 동시에 존재감이 사라지는 특이한 처지에 놓이는 것이다.

대한민국에서 최고의 전문성과 정치적 경륜을 가진 사람들로 임명되는 총리와 장관들이 행정부처의 전문 관료들과 함께 책임감 있게 국정운영에 이바지하게 된다면 대한민국은 보다 원활하고 효율적인 국가 관리와 운영이 가능할 것이다.

부총리제 확대와 정무차관제 도입

———

내각이 국정운영의 결정권과 책임감을 높이는 방안 중 하나로 국가적 주요 어젠다를 책임 있게 이끌고 갈 부총리제 혹은 선임장관제를 보다 확대할 필요가 있다. 현재 사회부총리와 경제부총리를 두고 있는데, 이를 확대해 안보부총리, 인구부총리 등을 신설하거나 새로운 사회적 과제를 담당할 부총리제도 재편을 적극 검토해야 한다. 산업부가 담당하고 있는 에너지 정책은 산업진흥적 차원에서 에너지 문제를 고민할 수밖에 없다. 그러나 기후 문제를 둘러싸고 변화하고 있는 에너지 정책에 대한 인식을 반영해 기후에너지부로 기존 부처의 역할을 재편하는 등의 고민도 반영되는 것이 미래지향적이다.

또, 국회와 내각으로 정치 권력을 분산하고 정당의 역할을 강화하기 위해 정무차관제도를 도입할 필요가 있다. 정무차관제는 정무적으로 임명되는 장관을 보좌하고 관료행정조직을 이끌어 가기 위해 기존 관료들이 담당하고 있는 차관 자리에도 정무적 인사를 임명할 수 있도록 하는 것이다. 차관 자리를 늘려 정치인 혹은 외부인사를 임명할 수 있도록 하고 여기에 국회의원이 임명될 수도 있도록 법을 고칠 필요가 있다. 국회의원이 정무차관으로 임명되면 그 경험을 가지고 여당 내 차기 장관 혹은 해당 부처 전문가를 키울 수 있는 계기가 되므로 정당이 집권 책임을 분명히 할 수 있고 정책의 연속성을 보장할 수 있다. 대통령으로서도 검증된 장관 후보 풀을 넓게 가질 수 있는 장점이 있다.

무엇보다도 정무차관 신설을 통해 외부 전문가들이 국정운영에 참여하게 되면 가장 어렵다는 관료조직 개혁에도 일정한 성과를 거둘 수 있고 장관 혼자 외로운 섬이 되어 '책임장관'이 아닌 '책임만 지는 장관'으로 전락하는 일도 막을 수 있다. 해당 부처에서 오래도록 일해온 관료들이 그 분야 전문가인 것도 사실이지만 관료주의와 복지부동에 의해 필요한 개혁이 지체되는 것도 사실이다. 대통령의 정무직 임명이 보다 강화되면 대통령의 권력이 강화되는 것 같지만 여기에 국회의원의 참여가 가능하도록 제도가 열리면 국회와 내각으로의 권한 강화도 동시에 이뤄지고, 정당의 책임도 커지게 된다. 물론 국회는 대통령의 임명권을 견제하기 위해 정무차관에 대한 인사청문회 권한을 가져야 한다. 그래야 견제와 균형이 이뤄질 수 있다. 이런 과정들을 통해 대통령과 청와대는 일상적이고 행정적인 국정운영에서 벗어나 보다 중요한 일에 집중할 수 있게 될 것이다.

'준연방제' 수준으로 지방정부 권한 강화

권력 분산을 이야기하면서 빼놓을 수 없는 것이 바로 지방분권이다. 우리나라는 봉건왕조시대에도 강력한 중앙집권국가를 1천 년 넘게 유지해 온 역사가 있는 만큼 국민들이 중앙정부로의 권한 집중을 자연스럽게 생각하는 편이고 중앙정부 권한도 실제 막강하다. 지방선거를 통해 지방자치정부를 구성해 온 것도 20년이 넘었지만 여전히 지방정부의 권한은 적고 지방정부 역할은 중앙정부의 행정 보조 기능에 머물고 있다. 국토의 균형발전은 물론 수도권 인구 밀집 현상으로 인한 사회적 부작용을 감소시키기 위해서도 지방분권은 '준연방제' 수준으로 추진되어야 한다.

무엇보다도 중앙정부의 기능과 재원을 획기적으로 지방으로 이양하기 위한 재정분권을 추진해야 한다. 재정적 독립성이 확보되지 못하면 실질적인 지방분권은 있을 수 없는데, 지금처럼 중앙정부가 재정 권한을 쥐고 지방정부를 통제할 수 있도록 하는 것은 적절치 않다. 각종 관련 법령과 제도를 정비해서 지방정부의 재정 권한을 확대해야 한다.

동시에 중앙정부와 지방정부의 기능 중 유사하거나 중복되는 기능, 지방정부가 전담하거나 주관하는 것이 훨씬 효율적인 기능에 대해서는 과감한 지방정부로의 이관이 필요하다. 노무현 정부 시절 많은 권한이 이양되고, 공공기관 지방 이전이 실행되면서 지방분권의 실질적 진전이 있기는 했지만 여전히 지방정부로의 권한과 역할 이전이 필요한 상황이다. 급격한 인구 감소로 인해 지방소멸에 대한 우려가 나오고 있는 지금, 지방정부의 적극적인 역할이 필요하다. 지방정부의 노력에 따라 인구 문제, 국토균형발전 등 국가 과제의 해법이 마련될 수 있을 것이다.

지방정부의 권한을 획기적으로 강화해 '대한민국은 준연방제 국가이다'라는 평가를 받으려면 지방정부의 규모와 사실상의 자립능력, 자치능력이 보장되어야 한다. 경제·교육·행정·문화 등 각 분야에서 최소한의 독립적인 계획 수립과 운영이 가능한 인구 규모가 요구되는 것이다. 이런 면에서 최근 광역시도 간 행정통합 논의, 메가시티 구상이 설득력을 얻고 있다. 부산-울산-경남을 잇는 메가시티 구상과 광주-전남 행정통합 논의, 대구-경북의 통합 논의가 그것이다. 올해 안에 대구-경북 행정통합의 큰 줄기가 잡힐 것으로 보인다. 최종적으로 두 광역시도의 행정통합이 성사된다면 중앙정부가 과감한 재정 및 행정 권한 이양을 통해 지방분권의 의미 있는 시작점으로 삼아야 한다.

이렇게 권력기관 사이에, 정부 내부에, 그리고 중앙정부와 지방정부 사이에 권력 분산을 통해 '권한을 갖고 제대로 일하는 국회'가 실현되고, 실권 총리와 책임장관들이 국정운영에 실질적 권한을 발휘하면 대한민국은 더욱 균형 있게 운영될 것이다. 규모가 작아진 청와대는 그저 권한을 줄이기만 하는 것이 아니라 중대 국가과제에 집중하고 역사적 성과를 남길 수 있는 분야에 시간과 에너지를 집중할 수 있게 된다. 동시에 서울과 중앙정부에 집중되어 있는 권한을 지방자치단체에 이관하고 분산시킨다면 국토의 균형발전을 이룩함은 물론, 보다 효율적으로 복지와 민생 문제를 다룰 수 있게 되어 국민들이 느끼는 정치 효능감이 높아질 것이다.

3
개헌,
이제 진짜로 해야 할 때

말만 무성하고 진전은 없는 개헌 논의

앞에서 언급한 정치개혁의 내용을 실현하기 위해서 꼭 논의해야 하는 것이 바로 헌법 개정 문제이다. 헌법은 한 나라의 구성과 운영에 대한 구성원 전체의 합의가 담긴 사회의 기본 틀이다. 사회의 기본 틀인 헌법이 시대에 뒤떨어진 내용을 반영하고 있으면 사회의 모든 것이 충돌하고 불편하다. 87년 6월 항쟁의 기운을 반영한 현행 헌법이, 30년이 지난 지금 개헌 요구에 직면한 이유이다. 30년 사이 우리 사회는 더 커지고 다양해졌는데 헌법이 이를 반영하지 못하고 있기 때문이다.

개헌 논의는 오랫동안 있어 왔다. 2006년 6월 임채정 당시 국회의장이 국회 중심의 개헌 논의를 제안하면서 '현재의 헌법은 1987년 권위주의 정권에서 민주화로 옮겨가면서 타협의 산물로 나온 것으로 여러 가지로 부족한 게 많다. 21세기에 맞는 새로운 헌법, 미래지향적인 헌법이 필요하다'고 말했고 '개헌 논의를 하지 않는 것은 국회의 직무유기'라고 강조했다. 당시 임 의장은 개헌 논의의 정략적 이용을 경계하면서 '국회의장 직속 자문기구나 연구 기구를 둠으로써 보다 중장기적으로 국민적 관점에서 접근해야 한다'고 덧붙였다.

국회는 발의 및 국민투표 부의권한을 가지고 있기 때문에 자연스럽게 개헌 논의의 중심이 되었다. 그러다 보니 역대 국회의장들은 제헌절 기념식 등을 통해 개헌 논의 필요성에 대해 예외 없이 언급했다. 게다가 김형오 의장의 경우에는 2008년 국회의장 직속기구인 '헌법연구자문위원회'를 설치해서 국회가 개헌 논의를 주도하기 위한 구체적인 노력도 진행했다. 이 자문위원회에는 여야 각 당이 추천하는 15인의 민간 전문가가 참여해서 1년 뒤 권력구조 개편 방안을 담은 개헌안을 확정했다.

이 개헌안은 대통령 직선제를 유지하되 총리의 권한을 강화한 '이원정부제'와 미국식 순수대통령제 요소를 가미한 '4년 중임 정·부통령제' 등의 복수안을 확정한 것이 핵심이다. 제왕적 대통령 권한의 분산과 우리 헌법 내에 공존하고 있는 대통령 중심제적 성격과 내각제적 성격의 충돌을 어떻게 조율할 것인지가 주요하게 다뤄졌다.

자문위 내에서는 이원정부제가 다수안이었고, 4년 중임 정·부통령제가 소수안이었다고 하는데 관련 보고서에 다수·소수안을 명기하지는 않았다. 어차피 이 논의가 다시 핵심 쟁점이 될 것인데 선입관을 가질 필요가 없다는 취지였다. 이렇게 구체적인 논의와 제안이 있었지만 당시 개헌 논의도 여야 간의 복잡한 셈법과 차기 대권주자들 간의 신경전 사이에서 별다른 진전을 보지 못했다.

2014년에도 강창희 국회의장은 국회의장 직속으로 '헌법개정자문위원회'를 설치했다. 그 뒤에도 국회에서 대통령 선거 때마다 국민 기본권 확대 등 사회적 변화를 담아내야 한다는 논의와 행정수도 이전 등 각종 현안이 불거질 때마다 개헌의 필요성이 제기되었지만 늘 정치적 논쟁만 거듭하고 말았다.

정쟁 속에 좌절된 문재인 대통령 개헌안

———

그러다 2017년 촛불항쟁으로 박근혜 대통령이 탄핵되고 실시된 조기 대선에서 당선된 문재인 대통령에 의해 개헌안이 발의되었다. 현행 헌법이 87년 6월 항쟁을 통해 분출된 민주화 열기를 반영했듯이 2017년 촛불항쟁과 대통령 탄핵이 남긴 사회적 과제와 교훈이 담긴 헌법이 세워지는 것은 당연한 일이었다. 모든 국민이 개헌을 통해 국민들의 시대인식을 담는 일에 찬성했다. 다만 이를 둘러싼 여야 간의 갈등과 진영논리가 또다시 일의 진전을 막아섰다. 박근혜 대통령도 최순실 사태가 벌어지자 국면 전환용으로 개헌을 국회에서 제안했다. 민주당 등 당시 야권에서는 국정농단 사태의 시선을 다른 곳으로 돌리기 위한 정치 술수에 불과하다며 비판했다. 그때 적극적으로 개헌을 주장하고 나섰던 보수정당은 정권이 바뀌고 문재인 대통령이 개헌안을 발의하자 국민 논의가 성숙하지 않았다며 개헌 논의에 반대했고, 국회로 넘어온 개헌안 국민투표 발의 표결에 불참함으로써 개헌 논의를 무산시켰다. 여야가 위치를 바꿀 때마다 개헌에 대한 태도를 바꿔가며 논의를 무산시키는 것은 국민들에게 무책임한 일이자 국회의 직무를 저버리는 행위이다.

그나마 정치권에서 책임 있는 헌법 개정 논의를 위해 일보전진한 것은 2018년 3월 26일 문재인 대통령이 개헌안을 발의해 국회와 우리 사회의 개헌 논의를 공식적으로 시작하게 한 일이다.

문재인 대통령의 개헌안 제안 이유에도 시대 상황의 변화를 담기 위한 것이라는 설명이 들어 있다. 현행 헌법 개정 시 채택한 대통령 5년 단임제는 장기간의 군사독재 경험을 반영한 선택이었다는 시대적 한계를 분명히 했고, 촛불시민혁명을 통해 확인된 대한민국 국민들의 민주주의 역량과 경험을 반영해야 한다는 점을 명확하게 했다.

현행 헌법의 한계를 넘고 시대적 요구를 담기 위해 문재인 대통령이 발의한 개헌안에 담긴 내용을 살펴보자. 개헌안의 구체적 내용에는 찬반이 있겠지만 개헌안이 다루는 내용들은 이제는 답을 내려야 하는 의제들이다.

문재인 대통령 개헌안의 주요 내용

첫째, 기본권과 국민주권의 확대·강화

공무원을 포함한 노동자의 권리 강화, 생명권과 안전권, 알 권리, 자기정보통제권, 사회보장을 받을 권리 및 성별·장애 등에 따른 차별 개선에 노력할 국가의 의무 등을 신설하는 한편, 사회적 약자의 권리를 강화하여 인간으로서의 존엄성을 존중받을 수 있도록 하였다. 또한 국민발안제와 국민소환제를 도입하여 직접민주제 확대도 담았다.

둘째, 지방자치 강화

지방정부에 자주조직권을 부여하고, 자치행정권·자치입법권을 강화하는 한편, 자치재정권을 보장하였다. 그리고 지방자치에 주민들이 실질적으로 참여하고 주권을 행사할 수 있도록 주민발안, 주민투표, 주민소환 제도의 헌법적 근거를 신설하였다.

셋째, 경제질서와 관련해 불평등과 불공정 시정

경제주체 간의 상생을 강조하고 토지공개념의 내용을 분명히 했으며 농어민 지원, 사회적 경제 진흥, 소비자운동, 기초 학문 장려 등의 국가 의무를 명시했다.

넷째, 정치개혁

책임정치 구현과 안정된 국정운영을 위해 대통령 4년 연임제를 채택하고 대통령의 국가원수로서의 지위 삭제, 대통령 권한 분산과 국회 권한 강화 내용이 명시되었다. 또한 선거 연령을 18세로 낮추고, 국회의원 선거의 비례성 원칙을 헌법에 명시하는 한편, 선거운동의 자유를 최대한 보장하는 방향이 담겨 있다.

다섯째, 사법제도개혁

대법원장의 인사권 개선과 국민재판 참여 등 사법 민주화의 내용이 담겨 있고, 법관 자격을 요구하는 규정을 삭제하여 헌법재판소 재판관 구성에 다양성을 기할 수 있게 했다.

앞서 지적했던 우리 정치제도의 문제점과 한계점을 어떻게 극복할 것인지 의견을 제시한 개헌안이다. 부족하나마 정치개혁, 분권형 대통령제, 지방분권, 사법개혁 등의 내용이 잘 담겨 있다.

안타깝게도 이번 또한 정쟁으로 인해 제대로 된 정치권 논의와 국민의사를 확인할 기회를 상실한 채 유실되어 버렸지만 대통령의 개헌안이 새로운 논의의 출발점이 될 수 있다는 점에서 우리가 잘 기억해두고, 눈여겨봐야 할 내용들이다.

'원포인트 개헌'으로 '연속 개헌'을

나는 개헌과 관련된 헌법의 모든 부분을 한꺼번에 수정하는 것보다는 합의 가능한 것부터, 시급한 것부터 먼저 하는 '작은 개헌'과 '연속 개헌'을 시도하자고 제안한다. 헌법 전문부터 국민의 다양한 기본권까지 모두 다루기에는 시간도 오래 걸리고 정치세력 간, 국민의 각종 집단 간 합의가 쉽지 않을 것이다. 따라서 정치권에서 합의가 되면 국민적 합의를 쉽게 끌어낼 수 있는 정치제도와 관련된 개헌 등 소폭 개헌을 먼저 하는 것이 합리적이라는 생각이다. 한때 '원포인트 개헌'이라는 이름으로 제안된 바 있는 이 방식은 정치권과 국민적 합의가 높은 제왕적 대통령 제도의 개선을 우선으로 한다. 청와대로 지나치게 집중되어 있는 국정운영 권한과 대통령 1인에게 지나치게 집중하는 제왕적 시스템을 변경해야 안전하고 안정된 국정운영이 가능하다는 점은 이미 정치적 합의점이 높다. 이 정치 분야 원포인트 개헌을 이루고 나면 그 사회적 합의 위에서 사회적·경제적 개헌으로까지 나아갈 수 있는 '연속 개헌'의 동력을 확보할 수 있을 것이다.

개헌 한 번에 모든 것을 다 담아내려다 이미 30년이라는 긴 시간이 흘렀고 이로 인한 여러 문제들이 방치되고 악화되는 가운데 오늘에 이르게 된 점을 돌이켜볼 때 '작은 개헌'과 '연속 개헌'은 정치지도자들이 책임감 있게 검토하여 시도할 충분한 이유가 있다고 본다.

분권의 형식과 내용에 대해서 토론과 이견 조정을 해야겠지만 제왕적 대통령제의 부작용을 해소하기 위해 분권형대통령제를 핵심으로 하는 헌법 개정을 중심으로 논의가 필요하다. 또 이를 실현하기 위해 차기 대선에서 각 당과 후보들이 개헌에 대한 일정표를 제시하고, 선거운동 과정을 정치세력 간 논쟁과 합의를 만들어 내고 국민적 동의를 이루는 시간으로 삼아야 한다.

물론 지난 대선에서도 모든 후보들이 개헌 국민투표와 지방선거 동시 실시를 약속하면서 개헌의 시간표를 약속하기는 했지만 결국 무산되었다. 그러나 한 번 좌절되었다고 이 중요한 문제를 손 놓고 있는 것은 더 무책임한 일이 된다. 앞으로 놓여 있는 선거 일정을 중심으로, 정치 일정에 개헌 논의와 쟁점 합의를 배치하고 책임 있는 논의와 결과를 이끌어 내는 것은 대한민국 모든 정치지도자들의 외면할 수 없는 임무이다.

4
선거제도 개혁이
정치개혁의 시작

30년 된 선거제도, 바꿀 때가 됐다

―――

국회는 근대 민주주의 기본원리인 삼권분립의 한 축인 입법권을 반영하는 권력기관이다. 중앙정부의 권한을 감시하고 견제하기 위해 입법권과 예산심의조정권을 가지고 있으며 인사청문회와 국정감사 및 국정조사 권한을 발동하기도 한다.

국민들이 대통령 한 명을 선출해 엄청난 권력을 몰아줬지만, 행여 그 선출권력이 제멋대로 움직일까 걱정되어 300명의 국회의원을 선출해 이를 감시·견제하도록 한 것이다. 그렇기 때문에 한 명을 뽑는 대통령보다 300명을 뽑는 국회의원이 더 국민들의 얼굴을 닮아야 한다. 그래야 대통령 혼자서 담아내지 못하는 다양성을 반영하고 중앙정부가 놓치는 많은 것들을 입법과 예산에 반영하도록 할 수 있기 때문이다.

그런데 지금 대한민국의 선거 시스템은 구조적으로 질적 변화를 반영하기 어려운 조건에 있다. 사회의 다양성을 반영하기 위해 정치의 장인 국회 구성의 선거제도에도 변화가 필요하지만 선거제도는 여전히 지역분할, 소선거구제도, 승자독식, 단순다수대표제라는 30년 된 방식에 머물러 있다.

21대 국회 구성을 보면 지역구에서 253명을 선출하고 비례대표로 47명을 선출했다. 이 중 253명의 국회의원은 각각의 선거구에서 가장 득표를 많이 한 사람을 당선자로 규정하는 선거제도에 의해 선출되었다. 선거구에서 1명만 뽑는 소선거구제, 받은 표의 수가 다른 후보에 비해 1표라도 많으면 당선되는 단순다수대표제가 선출제도의 핵심이다. 이렇게 되다 보니 40%대 당선자가 나온 지역구에서는 60% 정도의 다른 후보 지지자의 의사는 사표가 되어버린다. 그런데 원래부터 이런 소선거구제도만 있었던 것은 아니다. 1988년 총선 이전에는 한 선거구에 2명이 당선되는 선거제도가 있었다. 1987년 대통령 직선제를 핵심으로 하는 헌법이 개정됨으로써 국회 구성을 다시 할 필요가 있었는데, 이때 여야의 협상 끝에 2등까지 당선되는 제도를 없애고 과반득표를 달성하지 못했다 하더라도 1등만 당선자로 규정하는 현행 선거제도가 구축된 것이다. 군사독재정권에 의해 악용되던 선거제도에 대한 반감이 컸고, 당시 정치 참여세력들이 호남, 충청, PK, TK 등 각각의 지지 지역에 기반한 안정된 지역독점 의석에 더해 수도권에서 승리를 장담했기 때문에 만들어진 타협의 산물이었다.

지역주의 정치를 닮은 선거제도

이 현행 국회의원 선거제도의 가장 큰 단점은 이른바 대한민국의 가장 큰 문제점 중 하나인 지역주의 정치의 작동판이 되었다는 것이다. 즉, 영호남 지역대결주의와 지역분할구도를 공고히 함으로써 한 정당이 독점하는 지역과 국가 전체적으로 부작용이 심각한 상황이다.

공천만 받으면 무조건 당선되는 지역에서는 주민들의 요구와는 반대로 문제가 있는 인물이 공천되기도 하고, 당선자나 차기 출마예정자가 지역발전보다는 공천권을 쥔 중앙당 유력자에게만 신경을 쓰게 되니 해당 지역 정치 자체가 발전하지 못한다.

국가적으로도 큰 문제가 되고 있다. 상대 당이 합리적인 제안을 내놓더라도 무조건 반대하면 자기 지역 및 자기 진영에서 지지를 얻게 되니 국회에서 악무한적 반대의 목소리만 높아지게 된다. 국가의 미래지향적 정책 논의가 국회에서 실종되는 이유 중 하나이다.

물론 다른 나라에서도 지역에 따라 정당에 대한 지지율이 다른 지역주의 정치가 나타난다. 독일에서도 바이에른 주에서는 기독사회당이 다른 정당을 압도한다. 워낙 압도적이어서 기독민주당은 바이에른 주에는 후보를 내지 않고, 중앙정부 차원에서는 하나의 정당처럼 같이 움직인다. 우리나라 언론에서도 '기민-기사연합'이라고 표현한다. 그럼에도 불구하고 해당 지역에서 기독사회당 의원들만 당선되는 것은 아니다. 정당에 대한 유권자의 지지율에 맞게 주 단위로 국회의석을 배정하는 선거제도 덕분이다.

나라마다 선거제도는 다르다. 나라마다 역사와 조건이 제각각이기 때문이다. 따라서 어느 나라 정치가 잘 돌아간다고 해서 그 나라의 선거제도를 그대로 따라 한다고 정치가 잘 되지는 않는다. 귤이 회수를 건너면 탱자가 되는 법이다. 오히려 그 나라에서는 잘 작동하던 제도가 우리나라에서는 부작용을 일으킬 수도 있다.

선거제도를 변경하는 것도 쉬운 일이 아니다. 지금의 제도가 문제가 있다고 모두가 똑같이 생각하더라도 제도의 변화에 따른 손익이 명확하기 때문에 막상 이 문제가 합의를 이루기는 쉽지 않다. 현행 제도로 할 때 선거승리가 명확한 세력이 룰을 변경하는 것에 동의할 이유가 없다.

21대 국회의원 선거를 앞두고 제한적이나마 국민 지지와 국회의
석을 연동하기 위한 제도 변경이 있었다. 의미 있는 변화이기는 했
지만 곧바로 '위성정당'의 창당으로 빛이 바랬다. 선거제도 변화를
성급하게 하려다 제도적 허점을 두었고 이를 악용하게 된 사례이다.
명분은 동의하는데 손익이 갈려 의견이 맞지 않으면 지금 당장 도입
하기보다는 선거법에 합의하고 다음 선거부터 적용하려는 점진적
합의와 이행이 필요하기도 하다.

선거제도 개혁의 원론적 출발점

가장 강렬한 기억을 남긴 선거제도 개혁론자는 노무현 대통령이
었다. 그는 지역독점 선거제도인 소선거구제도를 중대선거구로 변
경하자고 제안하면서 대통령의 독점적 권력인 정부 구성권을 야당
에게 넘겨주겠다는 대연정 제안을 할 정도였다. 한나라당과 연정을
하고 싶었던 것이 아니라 한나라당과 지역분할 정치제도를 혁파하
고자 했던 것이다. 선거제도 변화야말로 일방독주가 불가능한 일이
기 때문이다.

노무현 정부 시절의 선거제도 변화를 위한 몸부림이 지금 제도적
으로 남아 있는 흔적이 있다. 바로 지방선거에서 치러지는 기초의

원 선거제도이다. 이전에는 읍면동 단위에서 1명만 뽑던 기초의원을 조금 더 큰 선거구로 묶어 2~4인까지 선출되도록 조정한 것이다. 2006년 지방선거에서 처음 도입된 기초의원 선거제도로 인해 시군구별로 구성되는 지방기초자치단체 의회는 어느 한 정당만으로 구성되지 않고 힘의 균형을 이루거나, 소수정당이나 무소속 당선자들이 참여하게 되어 의회 구성의 다양성을 이룬 곳이 많아졌다. 원래 기초의원선거에 이어 광역의원선거, 국회의원선거까지 확대해 가려던 것이었는데 선거제도 개혁이 어정쩡하게 멈춰선 형국이다.

모든 제도에는 빛과 그림자가 있다. 인간이 만든 제도가 완벽할 수는 없다. 똑같은 민주주의 시스템이라고 하더라도 시대와 상황에 따라, 각 나라마다 적용방식도 다르고 작동 결과도 다르다. 따라서 어느 한 제도가 반드시 옳다 그르다 할 수 없다. 그러나 적어도 현행 제도가 일으키는 문제가 심각하다는 점에 사회적 공감대가 형성되었다면 그 제도의 개혁에 최선을 다해야 한다. 지난 21대 총선 직전에 있었던 선거법 개혁 논란은 이제 선거가 끝났으니 그만인 것이 아니라 그 논란과 선거 결과 위에서 다시 출발해야 한다. 이번 선거에서 더불어민주당이 대승을 거뒀다고 해서 다음 선거에서도 현행 선거제도로 대승을 거둘 것이라는 생각은 착각이다. 선거제도가 어찌 되든 민심에 의해 좌우되는 것이 선거 결과이다. 그렇기 때문에 그 결과에 승복할 수 있고, 현행 부작용을 최소화할 수 있는 제도 개혁이 필요하다. 정치가 제 기능을 발휘할 수 있도록 개선시켜 나가야 한다.

선거제도 개혁의 원론적 출발점은 지역독점적 정치 구도를 변경할 수 있어야 하고, 사회적 다양성이 반영되어야 하며, 정치 참여 주체의 절대다수가 합의할 수 있는 것이어야 한다. 그러기 위해서는 비례대표 수를 늘리고, 지역구 수는 줄여야 한다. 현행 300명 의석수에서 쉬운 일은 아니지만 시도해야 하고, 더 적극적으로는 국민적 동의를 얻어 전체 의석수를 330명 정도로 늘리는 것도 방법이다. 이미 지난 선거제도 개혁 논의 때 집중적으로 제안되고 검토되었던 일들이다. 정치지도자들이 합의하고 국민들에게 호소하면 된다. 정치지도자들이 유불리를 바탕으로 다투고, 정당이 자기 이익을 우선으로 정쟁으로 치달아 버리니 선거제도 개혁이 안 되는 것이다.

밥값 하는 국회의원은 늘려도 남는 장사

국회의원 수가 늘어나는 것을 정치개혁이라고 보는 사람은 드물다. 새정치를 내세우면서 등장했던 안철수 전 의원의 경우 국회의원 수를 줄이겠다는 정치개혁 약속을 한 적이 있다. 지금도 그 약속이

유효한지 모르겠지만 재미있는 건 대통령 선거에 등장해 기이한 공약으로 주목을 받았던 허경영 씨도 국회의원 수를 줄이겠다는 공약을 내세워 국민적 호응을 얻었다는 점이다. 그만큼 국회의원들의 국민적 신뢰가 낮고, 직을 이용해 특권과 특혜를 누리는 집단으로 인식되어 있다는 뜻이다. 이런 마당에 국회의원 수를 늘리자는 제안이 국민적으로 호응을 얻기는 어렵겠지만 차분히 들여다보면 그 편이 훨씬 설득력을 갖는다.

국회의 가장 큰 역할 중 하나는 정부를 견제하고 감시하는 것이다. 그중 예산 낭비는 없었는지, 잘못된 예산 집행은 없었는지 살피는 역할이 매우 중요하다. 소중한 혈세를 낭비하지 않도록 하는 것이 중요하기 때문이다. 그런데 과연 제대로 된 감시가 가능할까?

국회에는 모두 18개의 상임위원회와 2개의 특별위원회가 있고, 모든 국회의원들이 상임위원회에 배치되어 의정활동을 진행한다. 상임위원회에는 각각 소관 부처에 따른 소속기관, 공공기관, 유관기관 등의 소관기관들이 있다. 이 각각의 기관들은 대부분 국민 세금으로 예산을 배정받아 운영하거나 정부 출연기관 등 국민혈세로 지원받는 곳이다. 이들이 예산을 어떻게 쓰는지 낭비는 없는지 계획처럼 효율적인 활동을 하는지 감시하고 규제하는 일이 국회의 역할이다. 적으면 1년에 몇백억을 쓰는 기관도 있고, 많으면 조 단위 국가 예산을 집행하는 곳도 있다.

그런데 국회의원들이 배치된 상임위원회에서 감시 감독해야 하는 소관기관이 너무 많다는 것이 문제이다. 국회 상임위원회 중 규모가 작은 상임위원회 세 곳을 살펴보자. 문화체육관광위원회는 15명의 의원들이 위원으로 활동을 하는데, 이곳에서는 77개의 기관을 담당한다. 소관부처 2개, 문화체육관광부 소속기관 18개, 문화체육관광부 공공기관 32개, 문화체육관광부 유관기관 13개, 문화재청 소속기관 9개, 문화재청 공공기관 1개, 문화재청 유관기관 2개이다. 16명의 의원들이 위원으로 배치된 환경노동위원회는 42개의 소관기관이 있고, 역시 16명의 의원들이 있는 교육위원회는 무려 94개의 소관기관이 있다. 작은 상임위 상황이 이렇다. 국회의원 수가 적다 보니 그 많은 소관기관을 다 들여다볼 수가 없다.

게다가 국민들의 관심과 언론의 시선이 집중되는 곳은 소관기관 중 몇 곳이 되지 않는다. 평상시 상임위원회 활동과 국정감사 등의 활동에서 국회의원들의 화력이 그쪽으로 집중될 수밖에 없다 보니 상대적으로 다른 기관들은 감시 감독의 사각지대에 놓인다. 그로 인해 적으면 수백억에서 수천억의 예산을 집행하는 기관들이 제대로 된 국회의원의 질의 한 번 받지 않고 10년 넘게 국감에서 관심 대상이 되지 않는 경우도 수두룩하다.

국회의원 한 명에 들어가는 예산은 약 8억 원이다. 여기에는 보좌진 인건비 및 각종 수당이 포함되어 있다. 국회의원 30명을 늘린다면 약 250억 원 정도의 1년 예산이 늘어날 것이다. 많다면 많은 돈이지만 이 예산을 들여 국회의 활동력을 높이고 국회가 제 기능을 발휘할 수 있다면 국가 전체적으로 좋은 일이다.

국회의원 한 명이 국정감사 등을 통해 소관기관의 잘못된 예산 낭비나 제도 집행을 지적하고 수정하게 하면 최소 수십억 원의 예산 절감 효과가 있다. 1년에 8억 원의 돈을 국회의원 유지 비용으로 지불하고 그것의 수 배, 수십 배를 얻을 수 있다면 그것이 더 효율적이다.

내가 경험한 의정활동만 살펴봐도 효율성을 확인할 수 있다. 2017년 국정감사에서 지적한 이건희 삼성전자 회장의 숨겨둔 돈 4조 5천억 원의 차명계좌에 대해 관련 세금을 징수하도록 조치하여 이건희 회장 등에게서 1,030억 원의 세금을 징수했고, 유치원3법의 개정을 통해 사립유치원에 지원하는 국민혈세 낭비를 원천 차단하게 되었다. 해마다 사립유치원에 지원하는 국고지원 규모는 2조 원이 넘는다. 또, 현대자동차의 자동차 제작 결함 은폐 문제를 통해 리콜과 무상수리 조치를 얻어낸 것은 예산 낭비는 아니지만 돈으로 계산할 수 없는, 국민 안전을 강화하는 결과를 얻은 것이다.

조금 다른 이야기이지만 국회의원들이 활동하는 소속 상임위원회를 자주 변경하지 않고 한 곳에서 지속적으로 활동하는 관례도 중요하다. 2년마다 혹은 4년마다 상임위원회를 바꾸면 전문성이 떨어지고 정책 제안과 감시의 일관성도 갖추기 어렵다. 청문회 국감 등에서 관료가 두려워하는 국회의원이 되려면 오랜 상임위 활동으로 내공을 갖춰야 한다. 관료들이 국회의원을 두려워하게 되면 그만큼 국회가 제대로 국민 편에서 일할 수 있을 것이다.

증세와 국회의원 수 증원 문제는 국민들에게 가장 욕먹기 좋은 정치 주제이다. 그러나 책임감을 갖는 정치인이라면 국민들에게 솔직하게 이 문제를 설명해야 한다. 돌팔매를 맞더라도 해야 할 이야기를 하는 것이 지도자의 역할이기도 하다. 물론 국회의원 수를 무조건 늘리자는 것이 아니다. 방대해진 국가 규모를 감당할 수 있고, 다양해진 국민들의 목소리와 이해를 반영할 수 있는 구조를 갖춰야 한다는 뜻이다. 더 능력 있고 다양한 국회의원들이 국회에 진출해야 의원들 사이에 경쟁이 벌어져 무능하거나 무책임한 정치인들은 자연스럽게 탈락되고 국회의원의 전체 질이 높아질 수 있다. 이 모든 논의의 출발점은 국회의원들이 밥값을 제대로 한다는 전제이다. 밥값 제대로 하는 국회의원의 수가 늘어난다면 국가 전체적으로 훨씬 남는 장사이다.

5
정당정치
정상화를 위한 제안

'청와대 정부'라는 비판

박상훈 박사는 저서 『청와대 정부』에서 청와대의 조직이 비대해지고, 정부 내각 각 부처의 역할이 강화되기보다는 청와대로 모든 정보가 집중되고 결정권이 강화되는 특수한 정부 형태가 등장했다고 지적했다. 그는 이런 형태가 박정희 정권에서 시작해 박근혜 정권까지 강화되어 왔으며, 민주당은 2017년 대선에서 청와대 중심이 아닌 내각이 중심이 되는 책임정부, 정당이 중심이 되는 '민주당정부'를 약속했지만 이를 지키지 못하고 있다고 비판적으로 서술했다.

이 책을 읽은 많은 정치인들이 박상훈 박사의 지적에 공감한다.

대통령을 중심으로 진용을 짜고 치밀한 네트워크를 구축하여 일사불란하게 공약을 실현하고 개혁을 추진하는 청와대 중심의 국정운영이 효율적으로 보일 수 있다. 그러나 현실은 다르게 작동한다는 것을 현실정치에 참여하는 사람들은 모두 느낀다.

방대한 국가운영체계 작동에 대한 책임, 다양한 국제 외교 상황의 변화에 대한 대응, 엄청나게 증폭한 경제 규모를 감당할 시스템 관리 등 중요한 역할이 청와대와 대통령에게 지나치게 집중되어 있다. 대통령이 모든 것을 책임질 수 없는데, 대통령에게 모든 책임이 집중되는 시스템을 만들어 놓고 이것이 제대로 작동하는 것처럼 보여야 하는 모순적 상황에 국가 운영 책임이 놓여 있는 것이다. 미중 갈등, 북핵 문제 해결 등 국가 안보와 직결되는 중차대하고 중장기적인 과제와 각종 사회 현안 문제가 대통령이 주관하는 한 테이블 위에서 의논되는 시스템이 과연 옳은가?

대통령은 외교·안보·국방과 관련된 굵직한 중장기 과제에 집중하고 총리를 중심으로 행정부 각 장관의 책임하에 사회 현안에 대한 정책 결정을 내리는 것이 효율적이다. 각 부처에서 파견된 청와대 관료들과 선거 과정에서 손발을 맞춰오던 선거 캠프 출신 인물들이 각 부처에서 결정해야 할 인사·조직·현안 대응에 대한 모든 사안을 미주알고주알 결정하고 지시하는 방식은 방대해진 국가 운영 규모에 맞지 않는다. 심지어 최종적인 결정은 청와대에서 하는데 그에 따른 책임은 장관과 부처가 져야 하는 상황도 발생한다. 그러다 보니 세월호 참사 때 위기관리 대응이 청와대의 임무냐 아니냐를 놓고 청와대가 발뺌을 하는 상황도 벌어졌다.

더 큰 문제는 모든 정부관료 시스템이 청와대의 결정에 따라 움직이는데, 이 청와대의 결정이라는 것이 국민이 선출한 대통령에게 위임된 권력의 행사가 아니라 대통령을 보좌하는 400여 명의 방대한 비서진에 의해 사실상 좌우된다는 점이다. 말은 대통령의 비서들이지만 실질적인 결정권한을 가진 이들이기 때문에 각 부처의 관료들도 엎드리고, 국회의원들도 인연을 맺으려 하는 진풍경이 벌어진다. 헌법적 권한은 대통령에게 주어져 있지만 실질적 권한의 행사는 비서진에 의해 이루어지는 것 자체가 모순적 상황이다.

대통령이 크고 작은 나라의 모든 일에 대해 알 수도 없고, 그것을 기대하는 것 자체가 비효율적이고 비합리적이라는 사실은 모두가 알고 있다. 그러면서도 청와대가 중심이 되어 국정의 전반을 장악하고 판단하는 모양새를 취하면서 나라 안팎에서 벌어지는 모든 일의 책임을 대통령에게 묻는다. 비가 오지 않아도 대통령이 나서야 하고, 홍수 피해가 나도 대통령이 한마디 해야 한다. 야당도, 노동조합도, 억울한 일이 있는 개인도 대통령을 찾는 이 상황이 합리적이고 정상적이지는 않다.

다시 말하지만 대통령은 무한능력의 초인적 영도자가 아니고 그렇게 할 수 있다고 말해서도 안 된다. 대통령은 '선출된 왕'이 아니라 책임과 권한이 가장 많은 '선출직 공무원'이어야 한다.

'청와대 정부'에서 '캠프 정부'로

여기에서 짚고 가야 할 것은 이 '청와대 정부'가 '집권여당 정부'가 아니고 '캠프 정부'라는 사실이다. 청와대 400여 명의 비서진 편성과 임명 권한 자체가 대통령에게 있고, 이를 구성하는 실질적 권한을 비서실장을 중심으로 한 캠프 핵심 관계자들이 하는 탓에 당내 경선과 본 선거 과정에서 손발을 맞춰 일해 온 캠프 참여자들이 청와대로 간다. 청와대 비서진 구성뿐 아니라 정부 내 주요 정무직 자리에도 이들이 임명된다. 청와대뿐 아니라 정부 요로에 캠프 참여자들이 앉게 되니 대통령 후보를 공천하고 선거 기간 당력을 집중한 여당은 선거 이후 국정운영에 주도적인 역할을 하지 못한다. 이 때문에 주요 국정운영 의사결정에서 여당 소외 현상이 벌어지고 당의 정책과 공약을 국정에 반영하고 일관성을 유지할 동력이 형성되지 못하게 된다. 정당이 집권해야 20년 집권을 해도 그 정책적 일관성이 보장되는데 5년마다 바뀌는 대통령의 캠프가 사실상 집권하게 되면 중장기적 국가정책은 그때마다 바뀌는 불안정한 상황에 놓일 수 있다.

이렇다 보니 국정운영의 주도권을 어쩌다 공무원이 된 캠프 관계자들이 아니라 늘 자리를 지키는 관료들이 쥐는 것은 당연하다. 정권이 바뀐 집권 초기에는 몸을 낮추지만 대통령 임기 중반을 넘기면서부터는 대부분의 국정운영 제안이나 결정을 관료집단들이 하게되고 대통령의 개혁 공약은 흐지부지 되고 만다. 현행 헌법 아래 지난 30년간 이런 패턴이 반복되어 왔다.

넘쳐나는 이벤트 정치

정당의 목적이 정권의 장악에 있다는 사실은 모두가 알고 있다. 그러나 단지 정권을 잡아 온갖 감투를 나눠 갖기 위해 정당이 존재하는 것은 아니다. 정권을 잡아 자리를 나누고, 이익을 공유하려 한다면 그것은 정치세력의 연합인 정당이 아니라 이익을 중심으로 한 상인연합에 불과하다.

정당은 집권을 통해 실현하기 위한 자기 정책과 비전이 분명해야 한다. 국민들이 저 정치집단이 집권할 때, 혹은 저 사람이 대통령이 되었을 때 나라가 이렇게 달라질 수 있겠구나 하는 전망을 갖고 희망을 품을 수 있어야 한다. 그렇기 때문에 각 정당은 자신들의 강령과 정책을 가다듬고 이를 국민들에게 알려 호응을 얻기 위해 노력해야 한다.

그러나 안타깝게도 각 당의 강령과 정책은 하얀 종이 위에 써놓은 검은 글씨 이상도 이하도 아니다. 강령과 정책은 채택되는 순간에만 반짝 관심을 끌 뿐 이를 구체화하기 위한 지속적 노력은 부실하다. 집권에 성공하더라도 당선된 대통령과 캠프의 공약을 중심으로 국정과제를 다시 세팅하게 되면서 당의 강령 실현은 부차적인 문제가 된다. 심지어 정권을 운영해 나가는 과정에서 당의 강령 정책과 충돌하는 법안과 제도 개선이 불쑥 튀어나오기도 한다.

이런 상황을 맞이하지 않으려면 정당이 집권의 중심이 되고 정권의 인사와 국정과제 우선순위를 정하는 과정에도 영향력을 발휘할 수 있어야 한다. 특히 소속 정당의 의원과 주요 인사들이 내각과 청와대, 정권의 요직에 배치되어 당의 정책과 비전을 현실화해야 한다. 그러나 대한민국 정치의 현실은 정당이 정치의 중심도, 집권의 주체도 되지 못하고 있음을 여실히 보여준다. 당의 일상이어야 할 당원교육이 부실하여 당원들이 당의 정책과 강령을 일체화하지 못하고 유력 정치인의 지지자 수준에 머문다. 정당의 일상적인 활동이 정강정책의 실현을 위한 노력과 그 연속성을 지키기 위한 것이 아니라 선거를 중심으로 돌아가고 선거에서 이기기 위해 이벤트와 깜짝쇼가 난무한다. 이제는 청년세대부터 시작하여 당의 인재를 발굴하고 육성해야 한다. 선거 때 임박하여 깜짝 인물 발탁으로 이목을 집중시키는 일은 아무 의미가 없다. 당내에서 청년 정치인 육성 프로그램을 개발하지 못하고 유명인의 강연이 중심이 되는 정치 아카데미 행사를 하는 것에 그치면서, 재능 있는 청년들이 정당에 몸담고 현실정치에 뛰어들어 경험을 쌓기보다는 오히려 선거 영입 케이스가 되기를 희망하며 정당 주변을 맴돈다. 적당하게 정치에 거리를 두고 정치에 관심 없는 척한다. 그것이 더 비싼 대접을 받는 방법이라는 것을 경험적으로 알기 때문이다. 이제 이런 행태는 사라져야 한다. 정당정치를 강화하기 위해서는 무엇보다 청년정치를 위한 중장기적 투자와 노력이 필요하다.

6
청년정치의
비상이 시급하다

청년이 아니라 청년의 '표'에만 관심 갖는다

———

'청년정치'는 한국 정치에서 또 하나의 유행어가 되었다. 노무현 대통령이 당선된 2002년 대통령 선거 결과를 들여다본 학계와 언론이 세대투표 현상이 나타났다는 분석을 내놓으면서 정치권에서는 청년세대의 지지를 획득하기 위한 일에 많은 관심을 기울였다. 이전에는 뚜렷한 지역주의 정치행태와 투표현상으로 인해 영호남의 몰표 현상과 수도권에서의 유권자의 출신지역별 투표 행태가 당락을 갈랐다면, 2002년 대선에서 처음으로 기성세대와 청년세대의 투표 성향이 뚜렷하게 갈리면서 청년세대의 지지를 얻어야 선거에서 승리한다는 정치적 공식이 성립된 것이다.

그러나 한국 정치는 청년세대의 표를 얻기 위한 관심은 많았지만 청년세대를 정치의 중심세력으로 세우는 일에는 관심이 없었다. 2000년 총선에서 김대중 대통령이 이끄는 새천년민주당에서 이른바 '젊은 피 수혈론'을 앞세워 386 운동권 출신 30대 젊은 인사들을 대거 영입하여 공천을 주었던 적이 있다. 그러나 한국 정치에 젊은 인사들이 국회의원으로 들어온 사례이지 청년세대가 정치적 주인공으로 조직되고 자리 잡은 것과는 거리가 멀었다. 눈에 띄는 젊은 사람 몇몇에게 국회의원 자리를 배려한다고 그들이 같은 세대의 고민과 갈등을 대표적으로 반영하지 못할뿐더러 젊은 세대의 지속적인 정치 진출로 이어지지 못했기 때문이다. 실제로 386 그룹의 대규모 정계 진출 이후 젊은 세대가 대규모로 정치권에 진출한 사례는 없었다. 386 세대가 나이를 먹어가면서 국회의원 평균 나이는 매번 높아지기만 했다. 한국 정치에서 젊은 정치인들이 조직되고 성장하고 새로운 목소리를 담아내는 일이 단절된 것이다.

각 정당에서 청년세대의 지지를 얻기 위해 선거 때마다 끊임없이 무언가를 해온 것은 사실이다. 민주통합당은 2012년 총선에서 당시 유행하던 오디션프로그램 「슈퍼스타K」 방식으로 청년 정치 지망생들을 선발하여 비례대표 안정권에 2명을 공천하는 이벤트를 통해 장하나, 김광진 두 청년의원을 배출했다. 새누리당도 2016년 총선에서 신보라 의원을 비례대표로 공천해 국회에 진출시키는 등 한국 정치의 거대 양당에서 선거 때마다 청년세대를 대표할 국회의원을 만든 건 사실이다.

그러나 이 역시 깜짝 발탁과 깜짝 이벤트로 청년의원을 만드는 과정이었을 뿐 이들이 세대의 대표가 되거나 세대의 문제를 전면적으로 제기하지는 못했다. 무엇보다 당 내부에 청년 정치인을 위한 정치적 공간을 만들고 기회와 권한을 주는 일상 정치활동이 전무하다시피 했다. 청년위원회와 대학생위원회는 당의 주류 정치인들과 기득권 인사들의 자리를 빛내기 위한 배경으로 쓰이거나 행사에 동원되는 피켓부대, 응원부대로 여겨졌다. 청년 국회의원은 운 좋은 인물에게 돌아가거나 당내 주류 인사와 인맥이 닿거나 선택을 받은 반짝이는 경력을 가진 케이스, 국민들에게 감동을 줄 수 있는 스토리, 이미 많은 사람들에게 인지도가 있는 성공담을 갖춘 이들에게 가는 4년짜리 경력에 불과했다. 4년 뒤 다시 이들이 국회의원이 되는 경우는 없었고, 4년 동안도 세대를 대변하거나 자기 전문 분야를 대표해서 국민들에게 청년세대의 이야기를 들려주기보다는 당이 청년세대에게 관심이 있다는 사실을 증거하는 알리바이용 존재로 여겨졌다. 치열한 경쟁과 불안한 미래에 시들어 가는 청년들의 희망을 일구는 정치의 주력부대로 성장하기보다는 기득권 주류 세대의 뒤떨어진 세대 감각을 보충해주는 역할에 그치고 말았던 것이다. 늘 기존 정치문법에 익숙한 이들로 가득하고, 각 분야에서 성공한 중년세대와 퇴직 후 마지막 사회봉사의 꿈을 가진 은퇴세대로 가득한 대한민국 국회와 정치권에 청년세대가 발붙일 공간은 없었다. 청년정치의 부실함은 대한민국 정치의 불행이자 한국 사회의 암울한 미래를 상징적으로 보여주는 현주소이다.

키워야 성장한다

———

정당에서 청년정치인을 키우는 것은 청년세대 몇몇에게 자리를 내주는 것이 아니라 그들이 스스로 조직하고 정치적 선택을 하도록 능력을 키우고 기회를 제공하는 것이어야 한다. 무엇보다도 청년정치를 젊은 정치인 몇몇에 대한 배려 수준이 아닌 정당이 세대를 이어 자기철학과 비전을 실현하기 위해 다음 세대를 발굴하고 육성하는 정당의 생존과제로 생각해야 한다. 정치꾼은 다음 선거를 생각하고 정치인은 다음 세대를 생각한다는 말이 있다. 될성싶은 정당은 청년세대를 조직하고 육성하는 일에 사력을 다해야 하고 정치인은 늘 후배 세대를 배려해야 한다.

우선 당 내부적으로 청년정치 관련 예산을 대폭 증대시켜야 한다. 각 당이 법에 의해 국고지원금에서 우선적으로 30%를 여성정책에

할당하고 있는 반면, 청년정책 및 사업비로는 쥐꼬리 예산에 그치고 있다. 청년위원회라는 조직은 있으나 예산이 없으니 사업이 없고, 사업이 없으니 청년세대가 자력으로 설 수 있는 정당 내부의 기반이 마련되지 못하고 있다.

정당은 청년정치세대를 육성하기 위해서 풍부한 교육 프로그램을 마련해야 한다. 연령별로 적절한 철학·역사·과학 분야별 교육과 관련 정책 및 법제도를 들여다볼 수 있는 능력을 키울 수 있도록 교육과정을 마련해야 한다. 정치인은 자신을 드러내는 쇼잉(showing) 능력도 뛰어나야 하지만 깊이 있는 사고력도 있어야 하기 때문이다.

중등교육과정의 학령 청소년을 대상으로 하는 교육 및 참여 프로그램, 대학생 과정에 맞는 교육과정의 계발, 사회진출 청년을 대상으로 하는 교육과정 및 실습과정 등 세부적으로 교육 계획이 마련되고 흔들림 없이 10년 이상 이 과정이 지속될 수 있도록 제도적 장치도 마련해야 한다. 해외 유력 정당들과 청소년, 청년교류협력사업도 수행해야 할 필요가 있다. 유럽 선진정당들의 청소년·청년 정치교육 프로그램도 살펴보고, 그 정당들과 지속적인 교류와 협력을 통해 국제적 정치 감각도 만들어 줘야 한다. 국내 정당들이 청년정치를 이야기하면서 유명인사의 초청 강연 등 행사 치르기 수준으로 교육과정이 머물러 있는 것은 안타까운 일이다. 중학교 시절부터 정치에 대해 관심을 갖고 참여할 수 있도록 민주시민교육, 정치훈련을 정당에서 계발하고 제공하는 것이 필요하다.

돈 없으면 정치하지 말라?

———

훌륭한 자질을 갖춘 정치 리더를 발굴하고 육성하는 일은 정당만의 문제가 아니라 그 공동체 전체의 사활적 사안이기도 하다. 우리가 각종 선거에 엄청난 비용을 들이면서 정치인들을 선발하는 이유도 대한민국이라는 공동체의 번영을 위해 꼭 필요하고 적합한 인물을 찾는 과정이기 때문이다. 잘못된 리더를 선발했을 때 그 공동체 전체가 겪는 피해는 이루 말할 수 없다. 히틀러도 독일 국민의 선거를 통한 선출 과정으로 국가 지도자가 되었다는 사실을 생각해 봐도 국가적으로 정치 리더의 발굴 육성은 가장 중요한 과제임이 분명하다. 그렇기 때문에 지금의 사회적 제도와 정치 시스템이 청년정치 리더를 육성 발굴하기에 적합한지 살펴봐야 하는데 불행하게도 대한민국의 청년정치 친화성은 낙제점이다.

먼저 정치자금법에서의 문제점을 짚어보자. 30대 초반의 젊은 예비 정치인이 정치적 경험을 쌓기 위해 지방선거에 출마할 경우 현행 선거법은 이 청년 후보자가 예비후보 등록 기간에 후보로 등록하여 다양한 홍보활동을 할 수 있도록 되어 있다. 사무소를 설치하고, 현수막을 부착하는 일, 예비홍보물을 제작해서 지역주민에게 우편 발송하는 일, 명함을 들고 거리와 상가에서 지지 호소를 하는 일이 가능하기 때문이다. 사실상 본격적인 선거운동이 가능하다. 그런데 문제는 법으로 보장된 이런 선거운동을 하는 데 들어가는 선거운동 비용을 어떻게 모금할 것인지에 대해서는 제대로 된 법적 보장이 없었다는 것이다.

현행 정치자금법과 선거법에서는 아무나 선거운동 비용을 모금할 정치후원회를 구성할 수 없게 되어 있다. 2020년 12월 9일 정치자금법이 개정되기 전까지 기초의원·광역의원 출마자는 아예 후원회를 둘 수 없었고 구청장·시장·군수 등 기초자치단체장과 시·도지사 등 광역단체장 후보는 본선거 후보등록 후 공식 선거비용의 50%까지만 후원회를 통해 모금할 수 있었다. 심지어 대통령 선거에 나가려는 사람도 후원회는 대통령 선거운동 기간에만 설립할 수 있었다.

다행히 2020년 정치자금법 일부 개정을 통해 후원금 모금이 원천 금지되어 있었던 기초 및 광역의원의 경우에도 후원회 구성이 가능하게 되었다. 나는 2017년 이 법을 발의했지만 국회의 담장이 너무 높았고 국회의원들의 특권의식을 넘지 못해 임기만료 폐기되었다. 그러나 21대 국회에서 다시 발의했고 다른 국회의원들도 비슷한 취지의 법안을 발의해 법안 개정에 이르렀다. 그러나 이제 겨우 시작이다. 전체 선거비용의 50%까지만 모금이 가능하도록 제한을 두었기 때문이다. 결국 수천만 원에 이르는 나머지 50%는 불법적 구조에 기대거나 부모의 도움, 무리한 금융대출에 의존할 수밖에 없다.

현행법으로는 유일하게 국회의원 선거에 출마하는 후보자의 경우만 예비후보 기간부터 후원회를 설치할 수 있고 1억 5천만 원까지 모금이 가능하다. 게다가 국회의원의 신분이 되면 4년 임기 내내 후원회를 둘 수 있고 해마다 1억 5천만 원의 후원금을 모금할 수 있다. 심지어 자신들이 출마하지도 않는 대통령 선거, 지방선거 등이 있는 해에는 평년 모금액의 2배인 3억 원까지 정치자금 모금이 가능하다. 국회의원의 후원금 제도는 이러한데, 똑같이 국민을 위해 봉사하는 여타 정치인들이나 해당 선거 출마자들에게는 금지되거나 제한적인 정치후원금 모금만 가능하다는 것은 심각한 불평등의 문제를 야기한다.

2018년에 실시된 제7회 지방선거의 경우 2,023명의 광역의회 의원 후보자가 총 846억 6,800만 원의 선거자금을 전액 스스로 마련해 1인당 평균 4,200만 원을 지출했으며 5,943명에 달하는 기초의회 의원 후보자는 총 1,799억 1,900만 원의 선거비용을 지출하여 1인당 평균 3천만 원의 자비를 쓴 것으로 나타났다. 이 통계는 평균치일 뿐이고 실제로는 대부분의 경우 기초선거구의 선거비용은 4천만 원, 광역선거구의 선거비용은 6천만 원 정도를 쓸 수 있다는 선거관리위원회의 공지를 볼 때, 각급 선거에 출마하는 후보자들이 부담해야 하는 선거비용은 평균적인 통계치보다 훨씬 많을 것이다.

20대 후반, 30대 초반의 젊은 정치지망생에게 4천만 원 이상의 돈이 어디서 마련될 수 있단 말인가? 부모님이 부자이거나 일찍 결혼한 사람은 처갓집이나 시댁이 부자인 경우에만 이 비용을 마련할 수 있다. 더욱 심각한 것은 청년세대가 도전할 수 있는 분야인 광역시도의원과 기초의원의 경우에는 선거 중은 물론 당선되어 임기 중에도 후원회 설립이 불법이라는 점이다. 기초 및 광역의원들도 국회의원들처럼 임기 중 후원회를 열고 선관위에 엄격한 신고절차 및 검증절차를 거쳐 돈 걱정 없이 의정활동에 집중할 수 있도록 해야 한다. 선거 기간 후원금 모금 규모도 선거비용의 100%까지 허용되어야 한다. 민원처리 및 이권과 결탁되는 정치후원금이 걱정이라면 권한이 가장 큰 국회의원부터 막아야 옳다. 투명한 관리와 검증으로 정치후원금을 매개로 부당한 일을 저지르면 처벌받도록 하고 있는데 국회의원은 열어 두고 기초의원·광역의원은 막아 놓는 것이야말로 국회의원의 특권일 뿐이다. 현행 정치자금법은 지나치게 국회의원들에게는 관대하고 젊은 정치인들과 정치 신인들에게는 불리하다. 정치적 자질과 무관하게 돈이 없는 청년들에게는 선거 출마를 사실상 봉쇄하는 정치봉쇄제도로 작동되고 있다.

자기의 꿈과 비전을 제시하고, 주위의 신뢰를 쌓아 정치자금을 능력껏 모금하고 선거에 도전할 수 있어야 대한민국 공동체를 책임질 자질을 갖춘 리더를 키우고 발굴할 수 있다. 추가적 법 개정을 통해 '청년정치 봉쇄조치법'을 개정해야 한국 정치에 활력이 생길 것이다.

5장

나의
정치 롤모델

1

김대중,
미래주의 노선 보여준 대통령

대선의 흐름을 바꾼 후보단일화

———

김대중 후보가 선거를 50여 일 앞둔 1997년 10월 27일 밤 김종필 자민련 후보의 청구동 자택을 방문했고 곧 후보단일화를 선언할 것이라는 사실이 언론에 공개된 다음 날 아침, 대한민국은 발칵 뒤집혔다. 이미 오래전부터 가능성이 제기되었고 협상이 진행되고 있다는 사실이 보도되었지만 막상 현실로 다가오자 여론은 다시 한번 들끓었다.

김대중을 지지하던 국민들도 둘로 의견이 쪼개졌다. 대통령을 하려면 어쩔 수 없는 선택이라고 이해하려는 측과 대통령병에 걸려서

해서는 안 될 짓을 하고 있다고 비판하는 측이었다. 대통령 선거판을 뒤집는 묘수라고 극찬하는 이들도 있었지만 극히 소수에 그쳤다. 사람들의 일반 상식으로는 그런 정치적 상상은 해보지도 못했을 일이다. 격분하거나 탄식하거나 침묵하는 사람들이 대부분이었고 박수 치는 사람은 드물었다. 그의 자서전에서도 이런 분위기를 반영하고 있다.

> "당시 우리는 자민련과의 후보 단일화 협상을 하고 있었다. 그러자 재야 민주화운동 출신들의 반발과 비판이 있었다. 당내에서는 김근태 씨 등 재야 출신 소장 의원들이, 당 밖에서는 종교계 인사들이 반발했다."
>
> 『김대중 자서전』 | 김대중 | 삼인

그럼에도 불구하고 1997년 11월 3일, 국민회의와 자민련은 '야권 후보 단일화 합의문 서명식'을 가졌다. 한 달 보름을 남긴 대선판이 크게 요동쳤다.

당시나 지금이나 논란이 있는 일이지만 지금 돌이켜보면 1997년 대통령 선거의 흐름을 바꾸는 한 수였던 것은 분명하다. 1996년 총선에서 79석의 저조한 성적을 낸 김대중 후보로서는 국회 내 소수파 대통령이 무엇을 할 수 있겠는가에 대한 국민의 의구심을 씻어낼 수 있었다. 김종필 총재가 이끄는 자민련의 50석을 보태면서 당시 139석을 차지하고 있던 여당인 신한국당에 견줄 수 있는 국회의석을 확보할 수 있었기 때문이다. 여기에 다른 야당이었던 통합민주당 15석, 무소속 16석 등이 있어 정개 개편을 시도할 수 있는 발판이 마련되기도 했다.

그러나 무엇보다도 뒤에 결합한 박태준 전 최고위원의 합류로 형성된 정치연합의 파괴력은 오랜 세월 김대중 후보를 괴롭혀왔던 색깔론 시비를 차단하고, 충청도 지역뿐 아니라 대구경북 지역 등 보수적 투표 성향을 보이던 지역에서 김대중 후보의 득표 확장력을 가져왔다. 선거 결과를 들여다보면 김대중 후보는 1992년 대통령 선거에서 얻은 득표수보다 무려 228만 표를 더 얻어 1,032만 표를 얻었다. 이 득표수는 당시 상대 후보였던 이회창 후보보다 39만 표를 더 얻은 아슬아슬한 결과였다. 이인제 후보가 거의 500만 표에 가까운 표를 얻어간 덕에 반사이익을 보기는 했지만 김종필-박태준 연합 덕분에 대구경북에서만 14대 대선 당시 얻은 표보다 5%를 더 얻었고, 충청 지역에서는 충청에서의 연고를 주장하며 표를 몰아가고 있었던 이회창 후보와의 차이를 43만 표로 벌렸다. 39만 표의 신승 결과를 생각하면 DJP 연합의 파괴력을 새삼 가늠할 수 있는 지점이다.

욕먹을 각오로 내린 선택의 결과

그러나 나는 당시 김대중의 이런 선택에 대해 분노했다. 당시 내 나이는 27세. 군대를 제대하고 학생운동을 정리하고 재야단체에 몸을 담아 대통령 선거에 본격적으로 결합한 상태였다. 당시 민주노총 위원장이었던 권영길의 대선 캠프에서 대변인실 언론부장을 맡고 있던 나는 이 결합을 강력 비난하는 논평을 초안했다. 학생운동을 통해 세상을 보는 눈을 익힌 나로서는 김대중의 선택은 노태우, 김영삼, 김종필이 결행했던 3당 합당에 비견되는 '야합'이었다. 유신잔당과의 연합으로 시대의 흐름을 거꾸로 거스르는 일이자 반역사적인 결정이라고 읽었다.

정치적 반발은 김대중 후보의 호남 지지층뿐 아니라 지식인, 노동운동과 재야운동 등에서도 거셌다. 반대 성명과 의견이 넘쳐났다. 자민련 쪽에서도 정치적 이종교배에 대한 반발, 김대중에 대한 반발로 인해 탈당하는 인사들이 생겨났다.

그러나 김대중 후보는 이 결단으로 대통령이 되었다. 그는 이회창이 아니라 자신이 대한민국의 대통령이 되는 것이 유신잔당과의 연합을 통해 잃는 역사적 대의보다 더 큰 역사적 진전을 이룰 수 있을 것이라는 확신을 가졌던 것이다. 그는 정치의 역할이 국민의 힘을 한곳으로 모으고 국가적 과제를 풀어내는 역량을 발휘하는 데 있다고 믿었다. 당시 대한민국 사회는 IMF 직후 최악의 경제 상황을 맞고 있었다. 당장의 경제 위기 탈출이 급선무였다. 실업률이 최고로 치솟았고 기업들은 줄도산을 겪었다. 한국전쟁 이후 겪어보지 못했던 경제적 대충격에 국민경제가 휘청였다. 이를 극복하기 위해서 사회적 대타협이 필요했다. 김대중 정부가 노사정위원회를 만들어 사회적 합의를 이끌어 내려고 했던 것이나, 산업구조 개편을 위한 빅딜을 추진했던 일이나, 금 모으기 캠페인 등으로 국민적 힘을 모으려 했던 것 모두가 경제 위기 극복을 위한 것이었다. 이 국가적 과제를 실천하기 위해서라면 국민여론의 지지가 필요했고, 이를 위한 정치적 안정이 필요했다.

지지층에게 욕먹을 각오, 70%가 넘는 시중의 여론에 반하는 행동이라는 점을 잘 알면서도 정치인은 결단하고 결행해야 할 때를 정확하게 알고 그 이유를 설명할 수 있어야 한다. 김대중 후보 역시 자신의 결정이 지지층과 여론의 반대를 가져올 것이 분명하다고 생각하고 있었기 때문에 다른 나라 사례 등 이론적 근거를 제시하면서 설득하려 노력했다. 그는 자서전에서 그 상황을 이렇게 설명했다.

"나는 이런 반발에 색깔론 망령과 3당 합당 이후 강화된 호남 고립 구도를 타파하기 위해서는 자민련과의 연합이 필요하다고 설득했다. 특히 6월 항쟁 이후 '반독재민주화'라는 전선이 이완되고 3당 합당으로 구축됐던 반호남 구도가 자민련의 창당으로 그 일각이 붕괴되었음을 상기시켰다. 과거에 대립했던 세력과의 연합에 거부감이 있겠지만 현실정치에서 소신과 명분 못지않게 현실적 선택도 중요하다는 것을 얘기했다. 우리에게 필요한 것은 정권교체라고 역설했다. (……) DJP 연합에 대해 일부에서 야합이라는 시각이 있지만 나는 그렇게 보지 않는다. 독일에서도 사민당이 기민당과 연합하고, 기민당이 기사당과도 연합한다. 나는 공동 정부를 운영해서도 충분히 성공할 자신이 있었다."

『김대중 자서전』| 김대중 | 삼인

독일 기민당과 기사당이 사실상 하나의 정당이라는 사실을 모르지 않았을 텐데도 김대중 대통령은 자신의 자서전에서 독일의 사례를 극구 강조하면서 유신잔당과의 연합으로 선거를 승리로 이끌었다. 그리고 대통령이 되어 대한민국에서 유례가 없는 연합정권을 국민들에게 공개된 합의문에 근거해 이끌어 갔다. 게다가 김대중 후보는 선거운동 기간 내내 전두환, 노태우 사면 공약을 내세워 동서화합을 주장하더니 대통령에 당선되자마자 당시 현직인 김영삼 대통령과 협의하여 그들을 사면복권해주는 데 합의했다. 이를 통해 그가 얻고자 한 것은 '용서하는 정치인'이라는 상징이 아니라 정치적 갈등 사안을 정리하여 국민적 화합을 얻는 일이었다. 이 역시 당시 언론사 여론조사에서 반대가 압도적으로 높았던 사안이었음에도 불구하고 김대중은 이에 대한 소신을 굽히지 않았다.

왜 그랬을까? 왜 김대중 후보는 지지자들의 반발과 여론의 반대에도 불구하고 그런 선택을 했을까? 그가 대통령에 당선된 이후 이뤄낸 성과를 생각해보면 그 답을 찾을 수 있다. 김대중 대통령 집권 시기, 햇볕정책과 남북정상회담이 있었다. 김대중 정부의 역사적 성과 중 하나인 햇볕정책이 가능했던 것은 역설적으로 보수적인 정치 세력과의 연합정권이었기 때문이다. 보수적인 자민련이 공동 여당으로 국회에서 존재했기 때문에 안정적인 정책 추진이 가능했던 것이다. 만약 거꾸로 130석 넘는 제1야당인 신한국당 세력과 50석의 자민련이 제2야당으로 국회를 장악하고 흔들었다면 햇볕정책은 실행도 되기 전에 온갖 논란 끝에 좌초되고 말았을 것이다. 국회에서 보수 정치세력인 야당이 색깔론 시비를 끊임없이 걸고, 보수 언론에서 온갖 흑색선전을 동원하여 국민적 불안을 자극했더라면 정권의 운명을 걸고 남북정상회담을 실현시키지 못했을 것이다. 이뿐만이 아니다. 그는 초고속인터넷 통신망에 과감하게 투자하여 대한민국이 인터넷 강국, IT 강국으로 발전할 수 있는 초석을 마련했다. 미국과 러시아·중국 간의 갈등 사안이었던 미사일방어시스템(MD) 체제 참여에서 김대중 정부는 미국 정부와의 갈등에도 불구하고 분명한 입장 표명을 했고, 의사단체들의 반발과 파업 등 강력한 저항이 있었음에도 불구하고 의약분업이라는 의료개혁을 이뤄냈다. 심각한 보혁갈등 사안이었던 민주노총과 전교조의 합법화를 이뤄낸 것도 김대중 정부 시절이었다. 건강보험통합으로 의료건강 분야에서 강력한 사회안전망을 구축했으며, 여성가족부를 신설하고 여성 권익 신장에 앞장섰다. 일본과의 역사적 갈등을 해소하기 위해 노력했고, 일본 대중문화 개방을 통해 한국 대중문화의 일본 및 세계 진출의 발판을 다졌다. 정말 엄청나고 많은 일을 이룬 것이다.

'정치의 힘'에 관한 교과서

여전히 그의 선택과 결단에 대해서 다양한 이견과 반발이 존재할 수 있다. 그가 만든 결과가 다 좋은 것만도 아니고 그의 집권 기간에 또 다른 사회적 문제가 잉태되었다는 것도 사실이다. 그러나 유신잔당과의 연합, 광주학살 쿠데타 주범들에 대한 사면 등 그의 정치적 통합과 확장적 대중노선이 없었다면 그가 대통령이 되는 일도, '국민의정부'가 만든 다양한 성과도 없었을 거라는 점은 확실하다. 정치인 김대중의 선택과 결과를 다시 상기해보면 우리 시대가 찾아야할 정치의 힘과 정치의 역할이 어디에 있는지 알 수 있다.

과거의 악연이 아닌 국가와 젊은 세대의 미래를 위한 그의 선택을 나는 '김대중의 미래주의 노선'이라고 말하고 싶다. 이 미래주의 노선의 실현은 국가개혁과 국가전략 과제들에 대한 합의를 끌어낼 수 있는 정치적 설득이 있어야 가능한 일이었다. 김대중이라는 정치인은 자신의 삶과 대통령 집권 기간 5년을 통해서 그것이 어떻게 가능한지 축약적으로 보여주었다. 그는 자신에게 주어진 5년이라는 시간을 정치 보복과 진영 대립으로 점철시키지 않고 미래를 위한 개혁과 변화를 위해 썼다. 인간적으로 대단한 결심이고 행동이다. 그래서 김대중의 미래주의 노선은 정치인들이 배워야 할 대중노선이자 정치가 한 나라와 국민들의 삶을 어떻게 다르게 만드는지 보여주는, '정치의 힘'에 관한 교과서 그 자체이다.

2
노무현,
상식과 통합으로 무장한
주류질서의 전복자

정치권을 뒤집어 놓은 '대연정' 제안

노무현 대통령은 2005년 6월 참여정부와 여당인 열린우리당의 주요 인사들이 모인 당정회의 자리에서 느닷없이 대연정 구상을 밝혔다. 그리고 다음 달인 7월 28일 청와대 홈페이지에 '당원동지 여러분께 드리는 글-지역 구도 등 정치 구조 개혁을 위한 제안'이라는 글을 올렸다. 그 내용의 핵심은 지역 구도 극복을 위한 선거제도 개편을 전제로 한나라당이 주도하는 대연정을 공식 제안하고, 사실상 총리지명권, 조각권 등의 권력을 내각제 수준으로 한나라당에 이양하겠다는 것이었다. 이 대연정 구상에 정치권은 발칵 뒤집혔다.

어떻게 잡은 권력인데 수구반동 집단으로 규정한 한나라당에게 권력을 넘겨주겠다는 것이냐는 반발도 컸고, 낯선 연정 제안에 대해 정치적 거부감도 있었다. 집권 중반에 연정 제안을 하는 것을 두고도 '정치적 꼼수' 아니냐는 지적이 나오면서 논란은 점점 커졌다.

당시 한나라당을 이끌고 있었던 박근혜 대표는 '대통령제하에서는 대통령이 국정을 주도하는 것이 맞다'며 연정 제안을 거부했지만 노무현 대통령은 연정 제안 이후 수개월에 걸쳐 설득 작업을 계속했다. 국면 전환용으로 한번 던져본 제안이 아니었던 것이다.

실제 노무현 대통령이 청와대 홈페이지에 올린 글을 보면 그 내용이 절절하다. 지역 구도를 깰 수 있다면 그에 맞는 대가로 권력을 지불하겠다는 인식을 보였고, 그것을 스스로 '정권 교체'라고까지 말했다.

"우리가 제안한 대연정은 실질적으로는 정권 교체 제안입니다. 우리는 지역 구도 해소가 그만한 대가를 치르고도 이루어야 할 만큼 가치 있는 일이라고 생각하고 이 제안을 하는 것입니다. 한나라당이 후보만 내면 당선이 보장되는 영남 텃밭의 기득권을 포기한다는 것이 결코 쉬운 일이 아니라는 점을 잘 알기 때문에 그만한 대가를 지불하려는 것입니다.

한나라당도 당장 받아들이기는 어려울 것입니다. 그러나 우리가 진지하게 설득하고 점차 국민들의 이해가 넓어지면 결국 우리의 제안을 진지하게 검토하게 될 것입니다. 우리는 한나라당이 이 문제에 진지하게 반응할 때까지 지역 구도로 인한 우리 정치의 병폐를 고칠 한나라당의 대안은 무엇인지 질문해야 합니다. 당선이 보장된다는 텃밭의 기득권이 나라의 장래보다 더 소중한 것이냐고 질문해야 합니다.

90년 3당 합당으로 지역 구도를 돌이킬 수 없도록 굳혀버리고 노선도 원칙도 없는 정치질서를 만들어 버린 책임을 누가 질 것이며 이를 정상으로 되돌려 놓을 방안은 무엇인지 끊임없이 질문해야 합니다. 그리고 다양한 통로로 다양한 방법으로 대화를 제의할 수 있을 것입니다."

나는 권력을 내놓을 테니, 한나라당은 지역 구도에 따른 영남에서의 텃밭 기득권을 내려놓자는 뜻이었다. 기득권을 버리고 나라의 장래를 위해 결단하자고 주장한 것이다. 이대로 가서는 정치가 아무런 역할도 하지 못한 채 미래세대의 걸림돌이 될 것이라는 우려가 짙게 깔린 제안이었다. 정치의 틀 안에서 가장 치열하게 싸워오고 선명한 길을 걸어왔던 노무현이라는 걸출한 정치인이 대통령이 되어 나라를 통치하면서 깊게 깨달은 것에 대한 고백과도 같았다.

지역주의 타파를 위한 결단

대연정 제안은 환영받지 못했다. 당내 소장파들, 386 운동권 출신 의원들의 반발도 컸다. 결은 많이 다르지만, 신중식 의원은 대연정 제안을 핑계로 탈당해서 민주당으로 당적을 옮기기도 했다. 지역구 사정, 개인적 판단이었겠지만 정치인에게 '탈당'이라는 정치적 결단 을 내리는 핑계로 삼게 할 만큼 대연정 제안은 만만치 않은 파장을 가져 왔다. 민주노동당과 호남 중심의 민주당 등 다른 야당들도 비 판적인 태도였고 대통령의 제안과 여당의 태도에 대해 조롱과 비판 을 거듭했다. 나 역시 노무현 대통령의 제안을 황당한 것으로 생각 했다.

그러나 지금 돌이켜 보면 대연정 제안은 지역 구도라는 악마적 프 레임에 갇혀 꼼짝달싹하지 못하는 정치, 국민을 통합하고 국가적 과 제를 해결하기 위한 정치적 기능을 상실한 정치권에 대한 노무현 대 통령의 절망적 인식이 담긴 전격적 제안이었다. 안타깝게도 그것을 이해하고 받아들이는 사람은 많지 않았다. 나도 그랬다.

"우리 정치의 많은 문제가 지역주의에서 비롯되고 있습니다. 지 역 구도하에서 정치인이 선거에서 이기는 길은 끊임없이 상대방 지역과 상대 당에 대한 불신과 적대감을 자극하고 지역이기주의를 부추기는 것입니다. 의정활동도 오로지 지역감정과 지역이기주의를 중심에 놓고 대결하게 됩니다. 지역으로 편을 가르고 대결이 심화될수록 지역 민심은 더욱 단결하는 구조이니 정책정당도 대화정치도 설 땅이 없어집니다.

정치인은 선거에서 이기기 위하여 지역감정을 자극해놓고 그 지역감정에서 헤어나지 못하게 되는 악순환의 구조에 빠지게 되는 것입니다. 지역 구도 해결 없이 우리 정치의 여러 가지 고질은 해소되기 어렵고, 정치 발전은 한 발짝도 앞으로 나아갈 수가 없을 것입니다.

뿐만 아니라 지역 구도는 끊임없이 우리 국민을 분열시키고 있습니다. 이것은 나라의 미래를 위하여 매우 걱정스러운 일입니다.

지난날 우리 역사를 돌이켜 보면 나라가 국난을 당할 때마다 분열이 있었습니다. 지도층의 분열, 지도층과 국민의 분열이 국난을 불러왔고 또 분열 때문에 국민의 힘을 하나로 모으지 못하여 국난을 극복하는 데 어려움이 많았습니다.

그런데 오늘날은 지역감정이 여러 가지 분열의 빌미를 생산하고 키우고 있습니다. 나라의 앞날이 걱정입니다. 앞날의 문제가 아니라 이미 지역감정 때문에 어렵게 꼬이는 나랏일이 한두 가지가 아닐 정도로 병이 심각하다 할 수 있습니다. 이처럼 지역주의는 우리 정치와 나라의 장래를 가로막고 있는 가장 큰 걸림돌입니다. 이

걸림돌은 반드시 치워야 합니다.

　이 일을 하자면 우리 모두가 기득권을 포기하는 결단을 해야 합니다. 대통령과 열린우리당은 정권을 내놓고 한나라당은 지역주의라는 기득권을 포기해야 합니다. 어느 하나도 쉬운 일은 아닙니다. 그러나 그럴 만한 가치가 있고, 하기만 하면 모두가 승리할 수 있는 일입니다.”

　노무현 대통령의 글에는 나라의 장래를 가로막고 미래를 위한 역할을 전혀 하지 못하는 정치의 실종에 대한 문제의식과, 그 근본 원인으로서의 지역 구도, 그것을 타파하기 위한 선거제도 개혁, 이를 전격적으로 합의하기 위한 권력 이양, 즉 한나라당 주도의 연합정부 구성을 제안하는 내용이 담겨 있다. 바로 직전까지 본인을 대통령직에서 끌어내기 위해 의회 권력을 악용하여 대통령 탄핵표결을 강행했던 세력들을 향해 ‘나라와 미래’를 위해 힘을 모으자고 손 내민 것이다. 가장 적극적인 통합정치 제안이었다. 김대중 대통령이 과거 자신을 탄압한 세력들까지 연합대상으로 끌어안고 미래를 위한 정치적 포석을 깔았듯이 노무현 대통령도 자신을 인정하지 않고 끝내 탄핵이라는 정치적 사형선고를 내린 세력들에게 나라를 위한 대연합을 제안했다. 얼핏 가장 열정적인 정치인이자 구태 정치를 반복하는 보수진영에 대해 가장 신랄한 비판을 서슴지 않았던 사람으로 인식되는 노무현 대통령이지만, 가장 냉정한 인식과 판단 위에서 결국 '통합'을 주장했던 것이다.

이때 노무현 대통령의 '통합'이라는 키워드와 '대연정'이라는 제안이 실현되었다면 지금 대한민국은 숱한 사회개혁의 과제들을 해결했을 것이다. 대립과 갈등의 정치 속에서도 종종 문제는 해결되지만 너무 많은 사회적 에너지가 소모된다. 통합과 합의의 정치에서는 속도가 좀 느릴 수는 있지만 확실하고 단단하게 사회과제를 풀어나갈 수 있다. 다시 말하지만 민주사회에서 사회개혁과 국가과제는 선동이 아니라 설득과 합의로 이루어진다.

상식과 국민 눈높이

————

노무현 대통령의 언어는 매우 쉬웠다. 학자 출신도 아니고, 미사여구를 동원하는 사회 주류계층에 속하기보다는 거리의 변호사, 노동자들의 변호사로 현장을 뛰어다니던 활동에서 몸에 밴 습관일 수도 있다. 무엇보다 국민들에게 그의 말과 글이 쉬웠던 이유는 그가 늘 상식과 국민의 눈높이에서 정치를 하고 상대를 설득하려 했기 때문이다. 정치에서는 많은 일이 상식보다는 관행, 국민 눈높이보다는 당장의 이익과 진영의 논리 차원에서 결정되는 일이 비일비재하다.

초선 국회의원 노무현이라고 몰랐을까? 아무 말 없이 조용히 3당 야합을 결정하는 중앙위원회 자리에서 총재인 김영삼의 뜻에 따라 자리만 지키면 다음 국회의원 재선 자리가 손쉽게 보장된다는 사실을. 과연 노무현이라고 몰랐겠는가? 그가 몸담았던 당의 주류인 상도동계나 동교동계에 비위를 맞추고 소신을 조금 감췄다면 더 쉽게 한자리를 얻고 더 빨리 정치적 기회를 보장받을 수 있다는 것을.

하지만 그는 자신의 소신이 주류의 입장과 맞지 않으면 소수파의 길을 걷기를 마다하지 않았다. 김영삼의 민주당이 3당 합당의 길을 걷자 그는 시원하고 따뜻한 길이 아닌 하로동선(夏爐冬扇)의 춥고 더운 신세를 겪어야 했다. 김대중의 1995년 정계 복귀를 전근대적 정치 행태라고 비난하면서 새정치국민회의에 합류하지 않았고, 김대중 총재가 자신의 정계 복귀와 정권 교체의 논리적 뒷받침을 위해 주장한 지역등권론을 비판하기도 했다. 할 말은 하고 소신을 지키는 일의 결과는 힘겨웠다.

· 민주당 후보로 나선 1992년 14대 총선에서 부산 낙선
· 민주당 후보로 나선 1995년 부산시장 선거에서 또 낙선
· 민주당 후보로 나선 1996년 서울 종로구 선거에서 신한국당 이명박 후보, 새정치국민회의 이종찬 후보에게 밀려 3위로 낙선
· 정권 교체 성공 후 종로구 재보궐 선거에서 당선되어 6년 만에

국회 복귀. 그러나 2000년 16대 총선에서 종로 출마가 아닌 다시 부산으로 출마하여 낙선

자기 소신을 분명히 하고 그에 따라 정치적 결정을 내리고 책임지다 보니 그 길은 말도 못하게 험난하고 힘들었다. 하지만 국민들이 그런 노무현의 모습을 지켜보고 지지하고 있었기 때문에 드라마 같은 대통령 선거의 대서사시가 만들어질 수 있었다.

대선 경선 당시 노무현 후보는 이인제 후보 측이 제기한 장인의 좌익활동 논란에 '사랑하는 아내를 버리란 말이냐!'며 낡아빠진 색깔론을 정면으로 들이받았다. 대통령이 되어서도 선거법 위반 논란으로 국회에서 탄핵 논의가 시작되었을 때, 사과하고 넘어가자는 주변의 권유를 거절했다. 그는 기존 여의도 중심의 정치문법이었던 '색깔론'과 '진영논리'가 아니라 국민의 상식과 눈높이라는 새로운 문법을 보여주었다. 그러면서 당장의 이익과 안위보다는 명분과 미래지향적 선택을 했다. 욕을 먹고 고립이 되더라도 할 말은 하고 할 일은 하는 용기를 보여준 것이다.

고백하건대 나는 노무현 대통령의 대연정 제안을 이해하지 못했고 비난했다. 나 또한 당시의 많은 사람들이 그랬듯이 민주와 반민주, 보수와 진보, 수구와 개혁이라는 틀에서 정치를 바라봤던 젊은

정치인이었고, 좁은 의미에서의 적대적 경쟁관계를 승리로 이끄는 정치에만 익숙했지 대한민국이라는 국가 공동체가 해결해야 하는 과제를 풀어가는 넓은 의미에서의 정치를 이해하고 있지 못했다. 또 노무현 대통령의 제안을, 자신을 수구세력의 탄핵 공격으로부터 지켜주고 총선에서 과반수를 만들어 준 국민의 뜻을 배신하는 것으로 이해했다. 민주노동당 10석까지 합치면 어떤 개혁 입법도 다 완수할 수 있는데 나약하게 타협을 구걸하는 것으로 생각했기 때문이다. 그래서 모질게 비판했다.

하지만 지금 정치가 해야 하는 역할과 정치가 가져야 할 힘이 어떤 것인지 조금은 알 것 같은 재선 국회의원이 되고 보니 많은 지점에서 반성하게 되고 아쉽다. 무려 15년 가까이 지나버렸지만 이제라도 노무현의 대연정 제안 정신이 우리 정치에서 제대로 실현될 수 있도록 해야 한다는 생각이다. 그러기 위해서는 노무현이 제시한 정치문법, 즉 국민 상식과 눈높이라는 쉽고 정직한 정치문법에 충실해야 한다. 앞뒤가 다르고, 말과 행동이 따로 가고, 내로남불의 비상식적인 모습을 보여주는 정치인에게 국민들이 신뢰를 주기는 어렵기 때문이다.

오늘날에도 통합과 상식의 정치를 제시한 노무현 대통령의 길을 따라가려면 이곳저곳에서 욕을 먹고 조롱도 받겠지만 그만한 용기와 마음의 각오를 하는 것 또한 정치인의 몫이다.

3
넬슨 만델라, '노선 전환'으로 200만 명의 생명을 구하다

폭력 노선의 주창자에서 평화 노선의 협상가로

———

모두가 알다시피 넬슨 만델라는 남아프리카공화국 최초의 흑인 대통령이며, 노벨평화상을 받은 평화주의자이다. 그가 ANC(아프리카 민족회의) 지도자이고 남아프리카공화국에 내부 인종갈등을 해소하는 데 큰 역할을 했다는 사실을 아는 사람은 많지만, 그가 백인 정권에 맞서 군사행동을 조직했던 폭력 노선의 주창자였다는 사실은 의외로 아는 이가 많지 않다.

만델라는 ANC 산하 군사조직인 '민족의 창' 창립자이자 총사령관이었다. 만델라도 처음에는 비폭력 무저항주의의 평화적 투쟁방법을 모색하였으나 점점 더 폭력적으로 강화되는 백인 극우정권의 학살과 탄압에 맞서 무장 투쟁 노선을 걷게 되었다. '민족의 창'을 조직한 만델라와 그의 동료들은 남아공 정부를 상대로 사보타주와 폭파 행위 등 테러를 행하다 결국 당국에 체포되어 종신형을 선고받고 무려 27년 동안 투옥되었다.

여기서 주목해야 할 것은 이런 무장 투쟁 노선을 주도하고 백인 정권의 폭력에 폭력으로 맞선 만델라가 협상과 타협, 용서와 화해의 주역으로 변화했다는 사실이다. 그가 처음 백인 정권과 협상을 해야 한다고 생각하고 행동에 나섰을 때 시작했던 일은 백인 정권의 법무부 장관에게 편지를 쓰는 것이었다. 답장도 오지 않고 변화도 없었지만 만델라는 끈질기게 극도로 치닫고 있는 위험한 대립과 죽음의 상황을 종식시킬 노력에 대해 계속해서 이야기했고 결국 법무부 장관인 코비 쿠에체가 그를 찾아왔다.

만델라는 그 과정, 즉 코비 쿠에체 장관에게 편지를 쓰는 것, 그를 만나고 대화를 시도하는 것, 그를 통해 당시 대통령인 보타와 대화와 평화협상을 시도하는 것과 그 내용을 감옥의 동료들에게도 비밀로 했다. 반대할 것이라는 우려와 함께 결과가 좋지 않을 때 모든 것은 그저 개인적인 행동이었다고 피해를 최소화할 생각이었음을 자서전에서 밝혔다.

나중에 감옥의 동료들과 바깥의 ANC 지도부에게 자신의 시도와 그 필요성을 알리기는 했지만 그의 평화협상 시도는 그만큼 당시로서는 조심스러운 일이었고 결과를 장담할 수 없었다. 하지만 만델라는 남아공의 갈등과 폭력을 막을 수 있는 마지막 기회로 여기고 백인 정부에 4년간 끈질기게 회담 제안 편지를 보냈다. 만델라의 노력이 알려진 이후 예상한 대로 동료들은 걱정하기도 하고 반대하기도 했다. 오랜 대립과 투쟁은 상대를 믿을 수 없게 만들었고 신뢰관계 없는 대화가 아무것도 가져다줄 수 없음은 당연했다.

그러나 오랜 시간 동안 흑인들의 투쟁은 조금씩 세상의 변화를 가져오고 있었다. 남아프리카공화국의 실상을 알고 있는 전 세계의 여러 나라들이 남아공에 경제적 제재를 가하게 되고, 남아프리카공화국은 올림픽 참가도 거부되면서 국제적 고립을 겪었다. 이런 압박과 국내적 투쟁이 거듭되면서 만델라의 대화 노력은 마침내 결실을 거둔다. 1989년 7월 5일, 드디어 남아공 보타 대통령과 만델라가 만나게 된 것이다.

이것으로 모든 것이 끝나진 않았다. 300년 넘는 증오와 대립의 역사가 쉽게 바뀔 리 없었다. 아파르트헤이트 정책(인종 격리 정책)이 철폐되자 백인들은 보복에 대한 공포와 두려움에 떨었다. 스스로를 지켜야 한다고 생각한 백인들은 무장하기 시작했다. 남아프리카공화국 곳곳에서 무력충돌이 벌어졌고 사람들이 죽었다. 흑인 민중들 사이에서 복수의 목소리가 높아졌고 봉기와 무력이 동원되었고 그런 행동이

찬양되었다. 혼란은 더욱 격해졌고 내전의 위기는 점점 커졌다.

그러던 중 1993년 4월에 상황을 더욱 악화시키는 일이 벌어졌다. '민족의 창' 사령관이자 남아프리카공산당 사무총장인 크리스 하니가 백인에 의해 피살된 것이다. 그는 만델라의 평화협상에도 불구하고 무장 투쟁 노선을 주장하고 행동했기 때문에 젊은 층에게 열광적 지지를 받고 있었으며, ANC 내부에서 만델라에 버금가는 지도력을 확보하고 있었다. 이처럼 엄청난 인물인 크리스 하니가 백인에 의해 피살되자 복수를 부르짖는 주장이 소용돌이쳤다. 일촉즉발의 위기였다.

전면적인 내전이 격화된다면 그것이 수백만 명의 희생으로 돌아올 것임은 자명했다. 남아프리카공화국은 흑인이 절대다수이니 결국 흑인들이 백인들을 몰아내고 독립정권을 세울 수 있을지는 모르겠으나, 당시 백인 정권이 갖고 있던 탱크와 비행기 등 압도적 무력과 충돌하면 200만 명 넘는 인구가 희생될 것이라는 추측도 있었다. 그렇다면 남아프리카공화국 사회체제의 붕괴와 경제적 자산을 가진 백인들의 해외 탈출 등으로 국가 경제가 극악한 상황으로 내몰릴 것은 불 보듯 뻔했다. 그 모든 피해는 아이들과 여성, 그리고 남아프리카공화국 국민 절대다수를 점하고 있는 흑인 민중들에게 돌아갈 것이었다.

만델라는 이 대충돌의 위기, 내전의 위기에서 흑인 동포들에게 자제를 호소했다. 방송 연설을 통해 '지금은 우리 모두의 자유를 파괴하려는 세력에 대항해야 할 때'라며 흥분한 흑인들의 분노를 가라앉히기 위해서 노력했다. 그는 내전의 위기를 잠재우기 위한 두 번째 협상을 진행한다. 백인들이 자신들의 무장 투쟁 지도자로 내세운 콘스탄드 빌욘과 협상에 나선 것이다. 빌욘은 백인 정권에서 군대를 지휘했던 장군 출신인 강경파 인물이었고 ANC 군사조직 총사령관 출신인 만델라를 전혀 믿지 않았다. 그럼에도 불구하고 만델라는 그를 상대로 대화하고 협상했다. 결국 그의 마음을 움직여 최악의 상황을 피했고 평화를 얻었다.

깊은 울림을 안겨준 만델라의 '용기'

만델라는 ANC 내부와 흑인 민중들 사이에서 자신을 백인 정권에 평화를 구걸하는 '겁쟁이'라고 조롱하는 사람들이 많다는 사실을 모르지 않았다. 그도 많이 괴롭고 힘들었을 것이다. 그러나 그는 그들과 맞서 논쟁하지 않았다. 자신이 옳다는 것을 알았고 그것이 평화로 가는 유일한 길이라는 것도 알았다. 자신의 믿음을 실현시키기 위해서 굴욕도 참았다.

동족 내부의 극단주의자들에게서 온건하다는 비난과 흑인 종족

간의 갈등이 복잡하게 충돌하는 상황에서 만델라는 협상을 진행했다. 남아프리카공화국의 파국을 막기 위해 클레르크의 백인정부와 줄루족 등과 협상을 벌여 민주적인 선거를 관철시켰다. 350여 년 넘는 뿌리 깊은 인종갈등을 종식시키고 남아프리카공화국에 평화를 정착시켰다. 그의 노선 전환과 선택이 승리한 것이다.

내가 만델라의 자서전 『자유를 향한 머나먼 길』을 읽었던 시기는 2009년이었다. 이때는 내가 만들고 온 힘을 쏟았던 민주노동당의 분당 사태 이후 매우 깊은 정치적 좌절을 겪고 있던 때였다. 진보정당이 대의가 아닌 정파적 이해에 따라 분열하고, 국민들 앞에 약속했던 진보적 가치와 정책의 실현보다 당 내부 권력을 장악하는 데 더 힘을 쏟고, 비민주적인 방식으로 이견을 공격하고 상대를 인정하지 않는 것을 보면서 나는 절망했다. 그런 모습은 돈 한 푼 벌지 못하지만 세상을 변화시켜 보겠다는 열정 하나로 정치활동을 해오던 나에게 너무 큰 모욕이었다.

대화와 타협으로의 노선 전환은 만델라였기 때문에 가능했던 일이지만 그조차도 조심스럽고 신중하게 추진해야 했던 일이었다. 그가 내전과 최악의 사태를 막기 위해 분투하는 모습은 나에게 '용기'를 주었다. '무력 투쟁 노선'이라는 오랜 노선을 변경하는 일, 서로 믿지 못하는 증오의 대상과 협상을 시작하는 일, 복수를 다짐하는 분노에 찬 동료들과 흑인 동족을 설득하는 일…… 모든 것이 시작조차 불가능한 것으로 생각되던 시절, 만델라는 움직였다. 정치지도자라면 자신의 생각을 주장하는 것에서 만족해 멈추지 말고 주장을 실현하기 위해 실천하고 그 결과로 세상을 바꾸는 일에 과감해져야 한다는 걸 보여줬고, 욕먹고 외로워질 상황을 감당할 용기를 갖는 것이 지도자의 중요한 자질임을 보여준 것이다.

나는 진보정당 안에서도 젊었고, 그만큼 주장이 과격했던 사람이었다. 나 자신 역시 정파적 이해 위에서 옴짝달싹하지 못했던 사람이었고, 정치가 선명한 자기주장과 대중을 격동시킬 선동으로 이루어진다고 믿고 있었다. 그런 나에게 군사조직을 이끌던 만델라가 수년 동안 실오라기 같은 작은 가능성을 믿고 단단한 벽을 두드리고 대화를 시작하는 모습은 놀라운 영감을 주었다.

만델라의 과감한 전환

만델라는 한 인터뷰에서 어떻게 감옥에서 용서의 마음을 가질 수 있었느냐는 질문에 '만약 내가 감옥에 있지 않았다면 인생의 가장 어려운 과제, 즉 스스로를 변화시키는 일을 달성하지 못했을 것이다. 감옥에 앉아서 생각할 기회는 바깥세상에서 가질 수 없는 기회였다'고 말했다.

그는 자신이 변했다는 사실을 부인하지 않았다. 그리고 그 변화가 인생에서 가장 어려운 것이라고 말했다. 스스로의 변화와 과감한 노선의 전환을 통해 달라진 상황에 맞는 다른 선택을 하는 것은 비겁한 일이 아니라 용기 있는 일이며, 그것이 수백만 명의 희생을 막고 미래의 번영을 열어가는 길이라는 점을 보여준 것이다.

아마도 그가 가장 과격한 노선을 걸었던 사람이 아니었다면 그의 협상 노선은 내부에서 간단하게 무시되고 말았을 것이다. 그가 ANC의 지도적 지위에 있지 못했다면 그 협상은 개인적 결단으로 시작되지 못했을 것이다. 그가 과거에 타협 노선을 걸었던 사람이었다면 동료들에게 협상 주장의 진정성을 얻기 어려웠을 것이다.

만델라의 자서전을 읽으며 벽에 막혀 있는 느낌이었던 나도 내 정치의 과감한 전환을 구상했고 지금 민주당 소속의 대한민국 국회의원으로 활약하고 있다. 그 자서전을 번역한 사람이 다름 아닌 아시아의 만델라로 평가받고 있는 김대중 전 대통령이라는 사실도 새삼 다르게 느껴진다.

지금 나는 진영논리와 상호적대적 정치를 중단하고 한국 사회 대개혁의 과제들을 풀어나갈 정치적 힘을 모아야 한다고 생각한다. 그러기 위해서는 보수세력과 신뢰도 쌓아야 하고 그들의 주장에 귀 기울이고 어떤 것은 받아들여야 할 것이다. 내가 학생운동과 과격한 행동주의 노선을 걸었고, 그 때문에 감옥을 세 번이나 가야 했던 사람이었기 때문에 오히려 그 주장에 힘을 실을 수 있다고 생각한다. 민주노동당을 만들고 진보정당 운동을 치열하게 실행했던 사람이었고, 진보적 가치와 정책을 이해하는 사람이기 때문에 보수적 가치와 정책에 대해 귀 기울이자고 말할 수 있다고 생각한다. 오히려 좌파 정치인이기 때문에 통합의 정치, 진영을 뛰어넘는 합의주의 정치 노선을 이야기하는 것이 상대에게 진정성을 담아낼 수 있지 않을까 생각한다. 마치 무장 투쟁 조직의 창설자가 평화 노선의 협상가로 나선 만델라의 노선 전환처럼 말이다.

우리에게도 만델라가 보여준 극렬한 대립의 시대의 최정점에서 대화와 타협을 위한 노선 전환의 용기가 필요하다. 상대를 '토착왜구'와 '빨갱이'로 규정하고 절멸시켜야 하는 세력으로 공격하는 목소리가 거리에 차고 넘치는 이런 흐름에 정치가 더이상 끌려다녀서는 안 된다. 국회에서 상대의 주장은 배척의 대상이 되고, 조롱과 비난의 언어가 가득한 정치도 끝나야 한다. 여당과 야당이 적대적 상호의존 틀 속에서 벌이는 내로남불식 무한반복 소모전 정치는 이제 끝내야 한다. 미래를 위한 제도 개선과 법안 개정을 위한 논쟁이 가득한 정치를 꿈꾸는 일은 쉽지 않지만 우리 국민들은 지금의 정치가 이렇게 계속되는 것을 용납하지 않을 것이다. 내가 먼저 용기를 낸

다면 그 용기 있는 행동이 더 많은 사람들의 결심과 변화로 확산될

것이라 믿는다.

4

조지 워싱턴,
교수형에 처하라 공격당한
독립영웅

지지자들을 등돌리게 한 '제이 조약'

————

1776년 13개 주 대표들이 모여 영국으로부터의 독립선언문을 채택한 이후 1789년 미국은 약 한 달 동안 선거를 실시해 의회를 구성하고 조지 워싱턴을 대통령으로 선출한다. 이 선거에서 워싱턴은 전무후무한 몇 개의 기록을 세웠다. 무소속으로 선출된 유일한 미국 대통령이었고, 당시 13개 주에서 10개 주가 69명의 선거인단을 선출했는데, 이 선거인단 모두가 자신의 두 표 중 한 표를 워싱턴에게 던졌다. 만장일치로 당선된 유일한 대통령인 것이다. 게다가 38,818명의 일반인 투표에서도 만장일치가 나왔다. 모두 12명의 후보자가 대통령에 입후보했는데 4만 명에 가까운 투표자 모두 워싱턴에게 투표한 것이다. 다른 11명의 후보자들에게는 단 한 표도 돌아가지 않았다.

워싱턴에 대한 미국 국민들의 압도적 신뢰와 지지가 확인된 이 선거를 통해 인구 400만 명 규모의 신생 농업국가가 그 꼴을 갖추기 시작했다. 나라를 책임지고 대표하는 왕을 국민이 선출하는 나라, 천부인권, 권력의 분립, 주권재민 등 근대 정치적 최신 이론으로 무장한 실험적인 국가가 탄생한 것이다. 당연히 국가의 운영을 둘러싸고 많은 갈등과 어려움이 있었다. 미국 독립 당시, 미국이라는 동일한 정체성 아래 국가 운영을 해야 한다고 믿는 연방파와 이에 반대하는 공화파의 갈등은 극심했다. 이 두 진영의 갈등은 모든 국가정책의 시행을 둘러싸고 벌어졌고, 초대 대통령 워싱턴에게도 큰 걱정거리였다.

1793년 영국과 프랑스의 전쟁이 터졌다. 프랑스 혁명의 진행 양상을 놓고 좌불안석이었던 영국이 드디어 반프랑스 전선을 구축하고 나선 것이다. 이 전쟁을 둘러싼 두 진영의 관점도 전혀 달랐다. 초대 국무장관인 제퍼슨이 중심이 된 공화파는 프랑스를 지원하자고 했지만 재무장관인 해밀턴을 중심으로 하는 연방파는 영국과의 관계 개선을 통해 미국의 이익을 지키자고 주장했다. 프랑스가 영국을 상대로 한 미국의 독립전쟁에서 미국을 지원했다는 사실을 상기해볼 때 이 전쟁에서 미국 정부가 프랑스 편을 들 것이라고 모두가 예상했지만 워싱턴 대통령은 중립을 선택했다.

당시 미국 국세 수입은 영국과의 교역에서 영국 상품에 부과하는 관세가 대부분을 차지하고 있었다. 또한 프랑스의 편을 들 경우 영국과 다시 전쟁을 치러야 할지도 모르는 상황이었다. 신생국가 미국으로서는 그 전쟁에 휘말리지 않는 것이 국익에 도움이 될 것이었다.

미국의 국론은 둘로 갈라졌다. 사람들은 연방파를 '영국당'이라 불렀고, 공화파는 '프랑스당'이라고 불렀다. 사람, 주장, 지역적 연고에 따라 파벌이 갈렸고 언론들마저 양 파벌로 갈라섰다.

그러던 중 1794년 서인도제도 인근에서 영국 해군이 미국 소속 선박 수백 척을 나포하는 일이 벌어져서 미국 내 여론이 격화되었다. 영국에서는 미국이 프랑스 편을 들게 될 것에 대한 우려와 견제가 있었고, 독립전쟁을 치르면서 영국에 대한 감정이 악화될 대로 악화된 미국 내 여론은 맞대응을 주장하고 있었다. 미국의 일반 국민들은 다시 한번 영국과 전쟁을 하더라도 이길 수 있다고 생각했다.

선박 나포 사건을 계기로 연방파는 영국과의 협상에 나서기로 했다. 워싱턴 대통령은 연방파이자 당시 미국의 대법원장이었던 존 제이를 특사로 영국에 보냈다. 문제는 특사인 제이가 영국과 마련해 온 협상 내용이었다. 발단이 된 선박 나포에 대한 보상은 없었다. 미국의 국경지역에서 영국군의 철수도 관철되지 못했다. 독립전쟁 중 나포해 간 흑인 노예 등에 대한 송환 문제도 언급되지 않았다. 신생 독립국가 미국인들의 자존심은 완전히 짓밟혔다. 그것도 상대가 영국이었으니 그 감정적 분노가 얼마나 컸을지 짐작할 수 있다.

'제이 조약'으로 영국은 이익이 큰 미국 모피 거래를 보호받지만 미국은 자국 내 영국 자산 압류 조치를 할 수 없게 되었다. 영국은 자신의 적국인 프랑스에 대한 미국의 수출을 중단시킬 권한도 갖게 되었다. 게다가 조약 12조는 미국이 서인도제도와 무역을 하되 대형 선박은 안 되고 해당 섬들의 토산물을 수출하지 못한다고 못 박고 있었다. 미국 국민들로서는 자존심도 상업적 이익도 빼앗기는 참을 수 없는 내용들이 많았다. 협상 뒤 영국은 별도의 조치를 통해 프랑스로 가는 미국의 곡물 선박들이 검문을 받아야 하고 모든 화물이 몰수될 수 있다는 '곡물 명령'을 발표해서 미국인의 분노에 불을 질렀다.

그러나 미국의 입장에서 잃기만 한 협상은 아니었다. 영국은 당시 여전히 세계 최강의 군사 강대국이었고 유럽과의 해상 무역로를 장악하고 있었다. 신생국가인 미국으로서는 영국과의 교역이 유지되는 것이 매우 중요한 일이었다. 국경 문제도 보다 분명하게 해서 북미대륙 북서부 지역에 대한 미국 주권이 영국의 인정 아래 확정되었다. 미국은 북서부 지역에서의 안전 확보를 통해 미시시피 강을 통한 교류와 상업을 이어갈 수 있었고 서부 지역을 향한 개척의 발판도 마련할 수 있었다. 무엇보다도 영국과의 전쟁을 선택한다면 약소국가인 신생 미국의 모든 것이 파괴될 위험이 있었다.

워싱턴은 협상 내용을 비밀에 부치자고 했지만 내용은 금방 새어 나갔고, 언론과 공화파가 앞장선 비난에 시달려야 했다. 미국 건국의 아버지라 불리는 토머스 제퍼슨이 제이 조약을 영국 숭배자들에 의한 잘못된 일로 규정하며 '전쟁불사'를 외치기도 할 정도였다. 게다가 반대파에서는 협상 특사인 제이가 영국계 뉴욕 출신이라는 점도 문제 삼았다. 영국 왕 앞에서 미국의 이익을 팔아먹었다고 주장했고 사실상 '영국계 미국인의 영국과의 협상'이었다며 협상단의 신뢰를 의심했다. 곳곳에서 '존 제이 화형식'이 치러질 정도로 분위기가 악화되었고 뉴욕 시청 앞에서 제이 조약을 옹호하던 해밀턴이 군중들이 던진 돌에 맞아 부상을 입기도 했다. 보스턴 항구에서는 분노한 무리들이 영국 배에 불을 질렀고 영국 공사의 집 앞에서는 폭력을 동반한 살벌한 시위가 벌어졌다.

워싱턴 대통령에 대한 공격도 커졌다. 대통령 탄핵이 언급되었고 단두대로 끌려가는 워싱턴을 그린 만화도 등장했다. 워싱턴의 고향 버지니아의 독립전쟁 참전용사들이 '워싱턴 장군을 처형하자!'며 건배사를 외치기도 했다.

결국 워싱턴 대통령은 그를 향한 비난과 분노, 조롱과 반대를 무릅쓰고 조인을 승인했다. 물론 그는 국민들을 격분시켰던 조약 12조를 삭제했고, 영국이 곡물 명령을 철회하도록 했다. 그럼에도 불구하고 그 뒤 제이 조약과 관련된 또 다른 하원 표결에서 찬반 동수가 나오자 결정권을 가진 조약 반대파 출신의 하원의장이 뜻밖으로 찬성표를 던졌다가 자기 처남에 의해 칼에 찔리는 사건까지 발생할 정도로 살벌한 분위기는 오래갔다.

논란의 한가운데에서 시달리면서 실의에 빠지고 힘겨웠을 워싱턴 대통령은 대통령 임기를 마무리하는 고별사에서 제이 조약을 '외부의 위험으로부터 안전을 제공하고 미국인들에게 번영을 약속함으로써 국민이 원하는 것을 가져다줄 것'이라고 말했다. 굴욕을 참고, 전쟁을 피하고 힘을 키우는 일, 워싱턴이 미국의 국민들에게 말하고자 했던 것이 그것이었다.

국민의 실리를 최우선으로 생각해야 하는 정치지도자

국가 간 관계의 형성과 유지, 즉 외교 문제에 대한 정치지도자들의 태도는 어떠해야 하는가? 특히 국방 안보 문제와 직결되어 있는 경우 어떤 자세로 외국과의 관계를 다루어야 하는가는 매우 중요한 일이다. 자칫 정치지도자의 성급한 판단으로 인해 전쟁으로 치달을 경우 국민들이 감당해야 할 부담과 피해는 이루 말할 수 없을뿐더러 전쟁에서 패배하게 될 경우 국가 공동체의 존망에 심각한 문제가 된다.

외교 문제를 다루는 데 제일 주의해야 할 일은 국가적 자존심을 어떻게 관리하느냐에 있다. 덩샤오핑이 중국의 외교 방침으로 남겼다고 하는 '도광양회(韜光養晦)'의 자세는 힘이 생길 때까지 국제관계에서 결코 머리를 들지 말 것을 강조한다. 은인자중하라는 것이다. 세종대왕은 명나라에 분명한 사대의 태도를 보였다. 명나라가 원나라와 대륙의 패권을 놓고 대결하던 시절, 나라를 세운 할아버지 이성계와 아버지 이방원은 명나라에 대해 못마땅한 태도를 보이면서 갈등관계도 있었지만 세종대왕은 명나라가 요구하는 각종 조공뿐 아니라 사대의 예를 분명히 함으로써 명나라가 조선에 갖는 의심을 지우는 데 힘썼다. 자존심 상하는 명나라의 요구에 응하면서도 조선의 국경을 지금의 두만강 압록강변까지 넓혀 확정지은 것도 세종대왕의 통치 시절이었다는 점을 기억해 둘 필요가 있다.

힘없는 국가가 자존심만 내세우는 일은 지혜롭지 못하고 자존심도 없이 실익만 좇는 외교는 허무한 일이다. 워싱턴 대통령이 처한 상황이 그랬을 것이다. 영국과의 전쟁 끝에 겨우 독립한 미국은 지금의 모습과는 전혀 다른 나라였다. 인구의 대부분은 동부해안을 따라 형성된 도시들에 집중되어 있고, 서부지역은 미국 땅도 아니었고 생산력도 낮은 농업국가였다. 영국과의 교역이 없으면 중요한 생필품 등을 제대로 수입할 수도 없었다. 유럽 대륙과의 해상 무역로를 장악하고 있는 영국과 군사적 긴장관계를 다시 만들게 되면 영국 이외의 다른 나라와 교역을 할 수도 없었다. 이런 상황이었으니 영국과 프랑스의 전쟁에서 중립을 지키고 영국의 횡포를 눈감아 주더라도 교역의 유지, 영토 문제의 정리 등 실리를 추구하는 것도 중요했을 것이다.

그러나 프랑스의 지원 덕분에 영국과의 독립전쟁에서 승리를 얻었던 미국은 프랑스에 대한 의리의 문제도 있었을 것이다. 미국 독립전쟁에 대한 지원 때문에 무리한 세금징수 문제가 프랑스 대혁명의 발단이었다는 사실도, 미국의 독립정신과 프랑스 대혁명의 정신이 일맥상통하고 있다는 사실도 영프 전쟁에서 프랑스를 지원해야 한다는 제퍼슨 등의 공화파들이 목소리를 높이는 지점이기도 했다. 이 두 목소리 사이에서 실리냐 자존심이냐를 두고 고민을 거듭했을 것이다.

강한 민족이 다른 민족을 강제병합하고 수탈하는 구조의 식민지라기보다는 본국에서 건설한 식민지였던 영국과 미국의 관계여서 우리가 경험한 식민지의 독립과는 다르지만, 독립전쟁을 치르면서 감정이 악화된 영국의 횡포를 눈감고 요구를 수용하는 협상안을 통과시킨다는 것은 매우 힘든 결정이었을 것이다. 영국과의 협상을 성공시켜야 한다고 주장하는 연방파를 공격하는 논리 중에 존 제이 등을 '영국계 미국인이 영국 왕실을 위한 협상을 하는 것'이라고 말하는 논리는 요즘 우리나라 상황으로 치면 '토착왜구'라는 비판과 그 결이 비슷하다. 일본 제국주의로부터 해방되고 70년이 넘은 나라에서도 일본에 대한 태도가 날이 서 있는 마당에 전쟁 끝에 독립한 미국 국민들로서는 영국에 대한 굴욕협상을 호락호락 넘어가기 어려웠을 것이다.

그러나 워싱턴은 실리를 선택했다. 그것은 국경 문제를 해결했고, 미국 대륙 내륙에서의 안전의 확보, 영국 해군의 보호 아래 대외 무역의 지속, 영국과의 교역을 통한 산업과 상업의 발달을 보장받는 것이었다. 전쟁이 아니라 평화였다. 전쟁으로 인한 미국의 파멸은 현실적 위협이었지만 미국이 영국과의 전쟁에서 이길 수 있다는 미국인들의 주장은 환상이었다는 것을 전쟁영웅 워싱턴은 분명히 알았던 것이다. 조약의 결과에 따라 영국은 미국 내 자신들이 구축했던 군사기지들에서 철수했다. 힘을 기른 미국은 그 뒤 1812년 영국과의 전쟁에서 승리했다. 워싱턴은 "대통령은 장기적으로는 이익이 되지만 당장은 인기가 없는 견해를 받아들이도록 의회와 국민을 설득시키기 위해 '대통령'이라는 지위를 활용해야 한다. 설사 그것이 인기를 떨어뜨리거나 선거에서 패배하게 만든다고 할지라도" 그렇게 해야 한다고 생각했다.

나는 협상안 승인에 반대하는 세력들이 워싱턴 대통령을 교수형에 처하라고 주장하고, 협상 대표였던 존 제이 대법원장의 인형을 화형식에 처하는 행동을 했다는 사실에 놀랐다. 미국 독립전쟁의 영웅이자 초대 대통령으로서 높은 존경과 지지를 받는다고만 생각했지 이렇게 심각한 모욕과 공격의 대상이 되었을 거라고는 생각하지 못했기 때문이다.

워싱턴이 본인의 명예와 미국의 자존심만 생각했더라면 영국과의 2차 전쟁을 벌일 수도 있었겠지만 그는 냉철한 선택을 했다. 자존심은 구겼고 자신의 명예는 더럽혀졌지만 논란 끝에 실리 노선을 선택한 것이다.

미-일-중과의 외교에서 우리는 어떤 선택을 해야 할까

대한민국의 현실을 보자. 우리와 일본은 현대사에서 정말 얽히고설킨 지점이 많다. 식민지 강점 기간 동안의 배상 문제, 위안부 문제와 강제징용 문제를 둘러싼 개인적 배상 문제 및 정부 차원의 사과 등이 국민 갈등의 핵심이다. 여기에 일본 정치인들이 한국 및 중국과의 외교 문제를 갈등 소재로 삼아 국내 정치에 활용하면서 불을 지르고, 역사 왜곡 등의 논란이 끊이지 않는다. 그러나 실제적으로 일본은 한국과 가장 가까운 나라이고 두 나라는 경제적 교류, 문화적 교류, 인적 교류 측면에서 어느 나라보다 밀접하고 중요한 존재이다. 이 두 나라의 갈등을 어떻게 다루느냐가 대한민국 국민들에게 정부에 대한 지지와 신뢰를 가르는 중요한 문제가 된 지 오래이다.

여기에서도 정치지도자들의 신중하고 대범한 태도가 중요하다. 무엇보다 실리적이고 합리적인 자세가 있어야 한다. 일본에 대해 강경하게 이야기하고 공격적인 태도를 보이면 당장 국내 정치에서 박수를 받고 칭송받는다. 반대로 일본과의 묵은 감정을 털고 현안 갈등에서 서로 조금씩 양보하고 물러나자고 주장하고 안을 만들면 친일파라고 욕을 먹는다. 문희상 전 국회의장이 내놓은 안은 양측의 자존심을 세워주되 개인적 배상 문제를 해결하고 그동안의 역사적 논의 과정을 바탕으로 다양한 문제를 해결하기 위해 제출되었지만 큰 성과를 만들지 못했다. 문희상 전 의장은 국내에서 조롱과 비난의 대상이 되고 말았다. 그 뒤 어떤 정치지도자도 이 문제를 해결하기 위해 나서지 못하고 있다. 그러는 사이 일본 내 거주하는 동포들이나 한인 사회는 일본 내 사업에 어려움을 겪고 있고 동포들을 향한 일본 우익 등의 공격과 비난도 거세지고 있다.

한일 관계를 미래지향적인 관계로 재설정하고 실타래처럼 엉킨 문제들을 풀어가기 위해서는 정치지도자들이 국익을 우선하는 태도, 국민에게 정직하게 설명하는 자세, 미래의 이익을 위해 과감한 선택을 불사하는 배짱을 갖춰야 한다. 우리나 일본이나 일방적으로 자신에게 유리한 협상을 타결하기는 불가능할 것이다. 전략적으로 선택하고 사실대로 국민에게 설명하면서 비판받을 일에는 비판받는 것이, 국민들의 박수를 받으면서 국익과 미래의 실익을 놓치는 외교보다 훨씬 더 책임 있는 태도이다.

대한민국은 이미 시작한 미국과 중국의 패권경쟁에서 선택을 강요받을 수밖에 없는 처지에 놓여 있다. 중장기적으로 어떤 선택을 하는 것이 이로운지 판단해야 한다. 어느 한쪽을 선택하는 것이 아니라 우리의 조건과 환경을 판단하고 대한민국에 가장 유리한 선택을 그려 놓고 만들어 나갈 수 있다면 최선이겠다. 그러나 그것이 어렵다면 절대적으로 국력이 약한 나라가 취할 수 있는 태도는 실리주의가 차선이다. 국가의 정체성을 훼손하지 않는 한 간에도 붙고 쓸개에도 붙는 것이 합리적이고 국익을 지키는 일이 될 것이다.

대한민국의 실질적 위협인 북한의 핵과 군사력에 어떻게 대응할지, 남북의 관계를 어떻게 항구적·협력적으로 전환시킬지, 이를 실현하기 위한 대중, 대미 관계는 어떻게 다뤄 나갈 것인지, 일본과의 엉킨 외교 문제는 어느 지점에서 타협점과 이익점을 찾을 것인지 중차대한 과제들이 많다. 어떤 선택을 하더라도 국내 여론의 지지보다는 비판의 전면에 노출될 가능성이 많다. 온 국민의 만장일치로 대통령에 선출된 미국 역사상 가장 명예로운 자리에 있던 사람이, 자신을 교수대에 세워야 한다는 격분한 국민의 분노를 온몸으로 맞아가며 미국의 미래를 생각한 워싱턴의 선택이 대한민국 정치지도자의 고독한 운명일지도 모른다.

---

* 이 글에서 언급한 워싱턴의 말과 제이 조약과 관련된 미국 내 움직임은 많은 부분 『대통령의 리더십』(마이클 베슐로스 | 넥서스BIZ)의 워싱턴 대통령 관련 글에서 참고했습니다.

조선시대 경제민주화 '대동법'을 위한 영의정 김육의 뜨거운 집념

영화 「광해」에 등장하는 한 장면

영화 「광해」를 본 사람들은 가짜 광해군이 어린 궁녀에게 어쩌다 대궐까지 오게 되었느냐고 묻는 장면을 기억할 것이다. 그 대화에서 가짜 광해군은 어처구니없는 현실에 화를 낸다. 산골 농부였던 어린 궁녀의 아버지에게 바다에서 나는 '전복'을 바치라고 했고, 이를 마련하는 과정에서 결국 땅도 빼앗기고 가족도 노비로 전락하며 뿔뿔이 흩어졌다는 이야기다. 그리고 영화에서는 대동법 확대 실시를 두고 기득권 세력들과 개혁 세력들의 갈등이 나온다.

대동법은 조선시대에 실시되었던 공물상납제도의 개혁안으로 나온 제도이다. 국가 운용에 필요한 물품들을 직접 나라에 바치는 이 공납제도는 궁궐에서 필요한 물품을 조달하기 위해 각 지역 특산물을 세금으로 납부하도록 한 것이어서 임금에 대한 진상품 의미도 있었다. 그런데 물품을 수취하는 과정에서 백성들의 고통이 심하고 타락한 지방 수령 등이 이 과정을 부정축재의 기회로 삼아 민생을 어지럽히는 제도로 지목되어 왔다. 게다가 공납을 대신 내주는 방납업자들이 부당 이득을 취하고 타락한 지방 관료들이 이들과 결탁하여 백성들의 고혈을 짜내니 그 부작용이 이루 말할 수 없이 심했다.

이 공납제도를 쌀로 대신 내도록 하고 그 기준을 해당 지역의 땅 가진 자들에게 1결(結)당 쌀 12말씩 징수하도록 하였다. 이렇게 되니 군현 단위로 부과되던 특산물 징수의 부담에서 벗어난 백성들은 환영하고 땅을 가지고 있던 기득권층들은 반발했다. 게다가 중앙정부의 인사권을 장악하고 자기 계파 사람들을 지방 수령으로 발령내면서 뇌물상납과 이익공유를 일삼던 정치 기득권층 역시 반발했다. 이들이 바로 대토지 소유자들이자 조선시대 부정부패의 핵심고리였다. 매관매직 등으로 들어오는 수입은 줄어들고 가진 땅이 많아 세부담은 늘어나는 정책에 자신들이 조선의 주인이라고 생각했던 사대부 기득권층들은 대동법 실시에 강력한 저항세력이 될 수밖에 없었다.

이러는 와중에 대동법은 그 제안부터 전국적 실시에 이르기까지

근 100년이 걸리는 치열한 사회개혁 투쟁의 과정을 밟았다. 제도의 실시를 두고 정책적 논쟁도 있었다. 무엇보다도 무거운 쌀을 운반하는 데 들어가는 비용이 만만치 않았고, 배로 운반하다 풍랑 등을 만나 유실되는 경우를 우려하는 반대 목소리도 있었다. 게다가 일부에서는 기존 특산물 납부 방식도 유지되고 대동법에 따른 납세 부담도 생겨 오히려 민생에 고통을 가중시키는 현상도 보였다. 언제나 그렇듯이 보다 나은 개선과 개혁에서 불가피한 반발과 부작용의 측면이었다. 이처럼 대동법은 자기 이득을 침해받는 기득권 세력의 반발이 무엇보다 컸고, 제도의 부분적 부작용을 핑계로 제도 전체를 무력화하려는 치열한 저항 때문에 실시와 중단, 확대와 축소를 거듭했다.

대동법이 조선시대 조세 제도의 합리화와 백성들의 부담을 감소시키는 효과를 낳았음은 분명했으니 민생정책이고, 조선 중후기 상업의 증대와 화폐제도의 발달에 큰 영향을 미쳤다는 분석이 있으니 조선을 단순 농업국가에서 중상국가로 거듭나게 할 제도적 효과를 얻을 수도 있었지만, 어느 시대이든 돈 있고 힘 있고 빽 있는 기득권 세력들은 나라 전체의 이익이 아니라 자신들의 이익에만 몰두하여 개혁에 저항하기 마련이다. 이 저항을 그야말로 전 생애를 바쳐 뚫어내고 기어코 제도적 변화를 만들어 낸 사람이 있으니, 그가 바로 잠곡 김육이다.

70세 노(老)정승의 치열한 개혁

김육의 호(號)인 잠곡(潛谷)은 경기도 가평의 지명인데, 그가 10년 동안 은거할 때 머물던 곳이다. 평생 대동법을 온전하게 실시하기 위해 끈질기게 매진했던 김육도 젊은 시절에는 성정이 보통이 아니었던지 요즘 말로 하면 학생운동을 주도했다. 성균관 재학 당시 사림의 거두들에 대한 문묘배향을 주장하다 이를 반대하는 권력자의 이름을 성균관 학적에서 삭제하는 일에 앞장섰다. 서울대 졸업생인 선배가 부끄럽다며 서울대 학적부에서 삭제한 것과 비슷한 일이겠다. 이 일 때문에 김육은 아예 과거 응시 자격이 박탈되었다. 간단한 일 같지만 당시 사림파들 내부에서 몹시 민감한 문제였기 때문에 젊은 성균관생들의 움직임은 권력 내부의 갈등과 직결되어 있었다. 그런데 잘나가던 엘리트인 김육이 이 10년의 우울한 시기에 그 시대의 주류세력들과 전혀 다른 사람으로 거듭났다.

그는 생계를 위해 남의 땅을 빌려 농사를 지었고, 숯을 구워 서울에 내다 팔았다. 글을 읽고 고담준론을 논하던 선비가 땅을 일구고 먹고사는 일에 전념한 것이다. 보이지 않던 백성들의 고단함이 보였고, 국가의 부실한 정책이 자신의 삶을 어떻게 흔드는지, 성리학으로 무장하고 깨끗한 정치를 다짐하던 '도학정치(道學政治)'주의자들이 얼마나 민생에 무능한지 뼈저리게 느끼는 기간이었다.

지금도 정치는 깨끗하고, 능력 있고, 공정하고, 개혁적이겠다고 다짐하지만 그것이 제대로 실현되는 것을 본 국민들은 없다. 정치는 늘 민생을 이야기하지만 민생의 고단함을 보살피기보다는 권력의 향배와 선거의 승패가 우선이다. 문제를 해결하는 정치는 실종되고 정치인들의 진영논리와 적대적이고 파괴적인 언어가 정치의 기능과 가능성을 압도한다. 국민들이 직접 정치인을 선출하는 현대 민주주의 사회에서도 국민들이 정치와 정치인들에게 느끼는 거리감과 소외감이 이토록 큰데, 하물며 봉건시대 조선왕조에서의 정치는 어떠했을까. 김육의 잠곡 생활 10년은 그를 성현의 지극한 도를 실현하겠다는 사림과 주류들의 추상적 주장과 전혀 다른 정치인의 길을 걷도록 했다.

　그에게 다시 정치 재개의 기회가 온 것은 인조반정 덕분이었다. 그를 쫓아낸 대북파들이 몰락한 뒤 서인 일파가 집권을 하면서 대북파 정권 아래에서 핍박을 받았던 같은 도학정치주의자들을 등용한 것이다. 그런데 다시 돌아온 김육은 10년 전의 김육이 아니었다.

　그는 음성 현감의 직을 얻어 나갔을 때 해당 고을의 민생 문제를 살피고 이를 정리하여 해결책을 제시한 상소문을 임금에게 올렸다. 이른바 고을을 다스리는 관리가 아니라 백성들의 민생고를 해결하기 위해 결이 다르게 움직이는 정치인이었던 것이다. 그의 이런 태도는 충청도 관찰사로 재직할 때 공납제를 폐지하고 대동법을 실시할 것을 제안하는 것으로 확대되었다.

임진왜란과 청나라와의 두 번의 전쟁을 겪으면서 백성들의 삶이 파괴되다시피 한 상황이 되자 민생 문제 해결을 위한 김육의 대동법 실시 주장은 더욱 강해졌다. 효종 즉위 이후 정승의 길에 올라서도 그는 대동법 실시를 놓고 정부 내에서 끈질기게 논쟁했다. 이를 반대하는 노론의 김집과 갈등을 빚다가 견책을 당하기도 했다.

그러나 김육은 끈질겼다. 하나의 정책을 한 번 주장하다 말고, 국민들이 주목하고 놀라는 폭로를 통해 반짝 주목을 받으면 그뿐이지 문제를 해결하고 제도적 변화와 법 개정으로 나아가지 못하는 요즘 정치인들과는 전혀 다른 태도를 보였다. 그는 70세의 나이에 효종에게 자신을 재상에 임명하여 쓰려거든 대동법을 시행하고 그렇지 못하겠다면 노망난 늙은이를 더는 찾지 말라고 최후통첩까지 했다. 봉건왕조시대에 임금에게 승부수를 던지며 정치적 결단을 촉구한 것이다. 집권당 내부의 갈등과 노론에 대한 눈치 보기로 대동법 실시에 적극적이지 못했던 효종이 마침내 대동법의 확대에 동의하고 그 추진의 책임을 김육에게 맡겼다.

김육은 대동법의 호남지역 확대 실시를 앞두고 숨을 거두기 직전까지 대동법만을 걱정했다. 자신이 죽고 나면 대동법 확대를 반대하는 기득권 세력들에 의해 대동법 실시가 막힐 것을 걱정해 효종에게 대동법에 대한 다짐을 당부하는 글을 올렸다. 그가 죽기 일주일 전의 일이다.

김육은 일흔이 넘은 나이에 정승길에 올라 평생 갈고 닦으며 주장해 온 대동법의 확대 실시를 위해 8년여 세월 동안 전력을 다했다. 그의 이런 노력 끝에 대동법은 조선의 곡창지대인 호남에까지 실시되었고 숙종대를 지나면서 경상도, 황해도까지 전국적으로 실시되었다. 선조 시절 새로운 방식의 조세 제도로 구상되기 시작해 전국적으로 실시되기까지 무려 100년의 세월이 걸린 것이다. 그 100년의 세월은 조선이라는 나라의 기득권 세력들, 땅과 권력을 쥔 이들의 힘의 두께를 보여주는 것이었고, 이를 뚫어내려는 민생 중심 정치가들의 눈물겨운 노력이 쏟은 땀방울을 가늠해보는 척도이다. 그 한가운데에 잠곡 김육이 있다.

평생 초가집 한 채밖에 없었던 사람, 민생정책 하나만 끈질기게 연구하고 실행하기 위해 모든 것을 바친 김육은 국민들의 삶을 바꾸기 위해서 정치인이 어떤 각오와 실천을 해야 하는지 분명하게 보여준다.

그의 고단하고 치열했던 삶은 백성들에 의해 위로받고 기억되었다. 그가 죽자 대동법 실시 덕분에 공납제의 폐해로부터 자유로워진 일부 지역의 백성들이 조의금을 걷었다. 그러나 장례 기간 조의금을 받지 않겠다는 유족들의 입장은 완강했다. 대신, 백성들은 대동법 실시를 기념하고 김육을 기억하기 위해 그가 사망한 다음 해인 1659년에 '金堉大同均役萬世不忘碑(김육대동균역만세불망비)'라는 비를 세웠다. 이 기념비는 삼남지방에 대동법을 실시하게 된 일을 기념하면서 삼남지방으로 통하는 길목인 평택 땅에 서 있다.

민생을 돌보는 정치인의 자세는 어떠해야 하는가

———

김육의 공직 생활은 대동법과 민생 문제 해결을 위한 집념으로 가득했다. 고을 현감으로 나가 있거나 영의정이 되어 중앙정부를 이끌거나 늘 백성들의 민생 문제를 해결하기 위해서 원인을 분석하고 대안을 내놓는 일에 열중했다. 사림의 주류세력들이 상복을 몇 년 입을 것인지를 놓고 죽기살기로 논쟁하거나 누구를 문묘종사 할 것인지를 놓고 권력투쟁에 집중하는 것과는 달랐다. 그 시절 정치의 주제는 도(道)와 예(禮)가 치열했지, 민(民)과 생(生)은 아니었다. 국방에 치중하지 못해 백성들의 안전을 도모하지 못했으면서 땅과 권력을 가진 이들의 기득권을 지키는 일에는 뛰어났다.

조선 초기에 기득권 세력들과 맞서 개혁을 앞세웠던 조광조를 필두로, 이른바 성리학으로 사상 무장한 사림 세력들이 나타났다. 이들은 땅과 권력을 움켜쥐고 온갖 전횡을 일삼으면서 임금을 제대로 모시지 않는 기득권 세력에 도학정치를 내걸고 투쟁했다. 더러운 정치판에 끼지 않고 일찍이 지역으로 낙향해 후학들을 키운 선비들의 정신을 잇겠다고 했다. 깨끗한 정치를 내세운 것이다. 그러나 그들이 선조 시대를 거치면서 조선의 주류가 되자 그들도 곧 기득권 세력이 되어 버렸다. 그들이 몰아낸 훈구파들이 움켜쥔 땅과 권력을 자신들이 나눠 쥔 것이다. 정치의 주류세력은 바뀌었지만 세상은 바뀌지 않았고 백성들의 삶은 조금도 나아지지 않았다. 대놓고 해먹던 정치에서 온갖 위선과 미사여구를 동원하여 해먹는 정치로 바뀌었을 뿐이다. 사림파가 세상을 바꾸는 정치의 주역이 아니라 조선왕조의 정치를 붕당정치의 늪에 빠지게 하는 출발점이 되고 말았다.

정치는 미래를 다루는 권력이다. 사법 권력이 과거의 일을 판정하고, 행정 권력이 오늘의 일을 처리하는 권력인 것과 비교해 보면 정치가 어떤 일을 해야 할지 분명해진다. 미래의 일을 다루기 위해서 기준을 정하고 합의를 만들어야 한다. 제도를 변화시키고 법을 바꾸는 일이 정치가 정면으로 다뤄야 하는 일이다. 그런데 그 정치가 문제를 해결하지 못하고 국민의 삶을 보듬는 일에 집중하기는커녕 당과 진영을 나눠 다투고, 중장기적 국가과제가 눈앞의 정치적 이해를 두고 정쟁을 벌이는 모습은 절망스럽다.

김육의 논쟁은 대동법을 둘러싼 논쟁이었다. 그는 백성들의 삶을 변화시키기 위한 치열한 논쟁을 했다. 그것도 그 문제에만 수십 년의 세월을 쏟아붓고 실천하면서 주장하고 설득했다. 대동법을 반대하는 기득권 세력들조차 '대동법의 취지에는 동의한다'면서 한 자락 접고 들어가야 할 만큼 실증과 경험을 바탕으로 한 그의 주장은 설득력이 있었다. 손에 잡히는 정치였다.

김육과 대동법을 보면서 오늘의 정치를 생각한다. 오늘날의 대동법인 '경제민주화법', '재벌개혁 정책'은 대동법을 반대한 조선의 기득권 세력들의 저항과 다르지 않은 재벌기득권 연합세력의 강력한 저항에 부딪히고 있다. 지극히 당연하고 간단한 제도적 변화조차 거부하는 강력한 힘을 곳곳에서 느낄 수 있다.

대동법이 백성들에게 오히려 더 부담을 가중한다는 논리는 경제민주화법들이 '기업을 옥죄고 국민들의 일자리를 없앤다'는 황당한 논리로 거듭나고 있다. '대토지를 소유한 자들은 전하의 백성이 아니냐'고 반발하던 이들은 '기업가들을 죄인 취급하느냐'는 뜬금없는 논리로 부활했다. 조선이나 대한민국이나 기득권 세력은 강력하고 논리는 막무가내이다. 그래서 정치는 개혁 과제를 끈질기고 체계적으로 강력하게 밀고 나가야 한다. 개혁에 대한 열정만큼이나 인내와 끈기가 요구되는 일이다.

정치가 다뤄야 하는 만고불변의 과제는 국민들의 안전과 먹고사는 문제의 해결이다. 이를 잘하면 성공한 정치이고 이를 못하면 실패한 권력이 된다. 이 민감한 문제를 다루는 일은 쉽지 않다. 개혁은 혁명보다 어렵다.

사림과 586 정치인들

지금의 정치는 어떠한가? 인권과 평화, 국민을 위해 개혁정치를 다짐했던 민주화 세력이 어느덧 정치의 주류가 되었지만 국민들은 삶의 근본적 변화를 느끼지 못한다. 이제 정치의 주류가 된 586은 오늘날 국민들의 먹고사는 문제에 대해 어떤 변화의 계획을 갖고 있느냐고 국민들이 묻는다. 민주공화국 대한민국을 갉아먹는 기득권 세력들의 특권과 특혜, 재벌이 주도하는 정경유착, 낡은 정치의 힘은 여전히 공고하다. 사림파들이 훈구파를 몰아내고 그 자리를 차지하기만 했듯이 민주화 세력이 기득권의 자리를 차지하기만 한 것이 아닌지 국민들은 우려하고 있다.

정치 권력의 주류가 되었으니 민생 문제에서 이전과 다른 변화를 보여주어야 했지만 그들은 그렇게 하지 못했다. 혹여 훈구파를 몰아내고 새로운 기득권이 되어 버린 사림파들처럼 이전 보수세력을 몰아내고 그 자리를 차지한 또 다른 보수, 새로운 기득권 세력이 된 것은 아닌지 자문해야 한다.

제도를 변화시키고 법을 바꾸는 일로 세상을 바꾸는 것이 정치인데 민주화 세력은 이 지점에서 이전 보수세력들과 다른 면모를 보여주지 못했다. 새로 얻게 된 권력과 힘에 안주하는 모습만 보여줬을 뿐이다. 개혁정치를 주창한 586 정치인들이 도학정치를 주창한 조선시대 사림파들처럼 백성들의 삶과 무관한 정치로 일관했다는 평가를 받지 않으려면 달라져야 한다. 같은 사림파에서도 민생파들이 나왔듯이 586, 민주화 세력에서 민생파 정치인들이 나서야 한다. 그것이 새로운 정치의 시작이다. 예나 지금이나 이념과 주의주장만으로 세상이 달라지지는 않는다. 김육처럼 구체적이고 실증적인 제도의 변화를 밀고 나가기 위한 실력과 용기를 가져야 한다.

정치를 하는 사람들이 잊지 말아야 할 것은, 백성의 삶을 떠받드는 일에 무능한 것이 권력을 다루는 자들의 가장 큰 죄라는 사실이다. 마침내 주류가 되었는데 세상의 변화를 이끌지 못하고 기득권에 안주하고 만다면 그것이 바로 무능한 정치이다. 586과 민주화 세력들에게 기대를 가졌던 국민들에게 배신감을 안기지 않으려면 안주하지 말고 스스로 변화해야 한다. 민생을 중심으로 하는 문제 해결의 정치를 실천하기 위해 젊은 정치인들이 나서야 한다. 그리고 이 질문에 스스로 대답해야 한다.

"누가 김육처럼 백성의 먹고사는 일에 자신의 한평생을 걸겠는가?"

박용진의 정치혁명

초판 1쇄 발행 2021년 4월 23일
초판 2쇄 발행 2021년 4월 28일

지은이 박용진
펴낸이 정상우
편집 이민정
디자인 김해연
관리 남영애 김명희

펴낸곳 오픈하우스
출판등록 2007년 11월 29일 (제13-237호)
주소 서울시 마포구 동교로13길 34(04003)
전화 02-333-3705
팩스 02-333-3745
페이스북 facebook.com/openhouse.kr
인스타그램 instagram.com/openhousebooks

ISBN 979-11-88285-89-1 03300